Paul White

Dschungeldoktors Feinde

CLV
Christliche
Literatur-Verbreitung e. V.
Postfach 11 01 35 · 33661 Bielefeld

1. Auflage 2010 (CLV)

Originaltitel: Jungle Doctor's Enemies
Originalverlag: The Paternoster Press, London, Großbritannien
Die deutsche Ausgabe erschien erstmals 1954
im R. Brockhaus Verlag Wuppertal
Deutsch von Verena Peyer-Binder, Zürich

Postfach 11 01 35 · 33661 Bielefeld
Internet: www.clv.de

Umschlag: typtop, Andreas Fett, Meinerzhagen
Satz: CLV
Druck und Bindung: CPI – Ebner & Spiegel, Ulm

ISBN 978-3-86699-114-9

Inhalt

Ein Gerücht und ein blinder Junge

Der kleine Afrikaner stolperte und wäre fast hingefallen, hätte er sich nicht an den Maispflanzen festgehalten, die an beiden Seiten des Feldwegs wuchsen. Schnell hatte er sich wieder aufgerappelt, blieb einen Augenblick stehen und tastete sich dann unsicher vorwärts. Ich schloss hinter mir das Tor, das das Krankenhaus vor Hyänen schützte, und ging auf ihn zu.

»Was ist denn los, kleiner Mann?«

»Buana«, klagte er mit tränenerstickter Stimme, »meine Kameraden wollen mich nicht mithelfen lassen, dein Auto anzuschieben, weil ich blind bin, und – und …« Er schluckte und seine Stimme versagte ihm. Wortlos drehte er sich um und tappte den Weg zurück, den er gekommen war. In seinen herabhängenden Schultern und den unsicher ausgestreckten Händen lag etwas unsagbar Ergreifendes.

Ich ging Mubofu nach. Als er meine Schritte hinter sich hörte, sagte er: »Buana, ich *kann* schieben helfen, wenn ich auch in *Utitu* (im Land der Finsternis) lebe.«

»Aber du könntest doch fallen, wenn das Auto anfängt, schneller zu fahren?«, gab ich zu bedenken.

»Kah, Buana, das bin ich gewohnt. Ich habe keine

Angst vor ein paar Schrammen! Darf ich nicht doch mithelfen?«

Der Weg machte plötzlich einen scharfen Bogen um einen riesigen Baobabbaum. Mit Erstaunen beobachtete ich, wie der Junge unbeirrt auf der Mitte des Pfades weiterging.

Bald stießen wir auf eine heitere Szene. Samson, einer der Krankenpfleger, der die Medikamente verwaltete, kurbelte aus Leibeskräften einen klapprigen, 20 Jahre alten Wagen an. Seine Anstrengungen wurden durch eine Schar kleiner, halb nackter Jungen unterstützt, die stöckeschwingend um das Auto herumtanzten und im Takt schrien: »Hau ruck – gib ihm Saures!« Als er mich erblickte, richtete Samson sich auf und wischte sich die Stirn ab. »Die Batterie schläft, Buana.«

Ich lachte. »Der Lärm, den diese Kinder machen, dürfte wohl genügen, um sie aufzuwecken!«

»Kah, Buana, unser Wagen heißt nicht umsonst Sukuma (Suaheli für ›schieben‹).«

»Buana, wir wollen schieben«, schrien die Jungen und stürmten vorwärts.

»Na gut«, lachte ich, »aber ihr müsst noch einen Augenblick warten, bis ich fertig bin!«

Ich wandte mich Samson zu und vertauschte für einen Augenblick Kigogo, die Sprache der Zentralebenen von Tanganjika, mit Englisch: »Ich hätte Lust, den kleinen Kerl nach Dodoma mitzunehmen. Ich denke, einen Tag mit uns auf Safari wird er sich rot im Kalender anstreichen. Warum sollten wir ihm nicht die Freude machen? Du kannst ihn dann später wieder zurückbringen, wenn ich mit dem Zug weiterfahre.«

Samson nickte: »Wir können heute seine Augen sein und ihm alles erzählen, was wir unterwegs sehen.«

Mubofu hatte sich im Schatten des Ziegelschuppens hingehockt, in dem unsere klapprige Sukuma wohnte. Über ihm, an der Wand, schnappten drei farbenprächtige Eidechsen eifrig nach Fliegen. Als ich mich näherte, stand er auf.

»Buana, darf ich beim Schieben mithelfen?«

»Nanu, woher wusstest du denn, dass ich auf dich zugekommen bin?«

»Kah, Buana«, antwortete der kleine Junge, »ich habe deine Schuhe im Sand gehört, und ich kenne keinen Afrikaner, der so geht wie du.« Bei diesen Worten erhellte sich sein ganzes Gesicht, aber irgendwie verstärkte sein Lächeln nur noch die Tragödie dieser entsetzlichen Höhlen, in denen seine Augen hätten liegen sollen.

Ich pfiff erstaunt: »Junge, was hast du für Ohren!«

»Meine Ohren müssen jetzt auch meine Augen sein« – er legte seine Hand auf meinen Arm – »Buana, Buana, wirst du mich schieben lassen?«

»Nein, Mubofu, ich werde dich nicht schieben lassen.«

Alle Freude wich aus seinem Gesicht. Bevor er sprechen konnte, fuhr ich fort: »Aber ich wollte dich fragen, ob du Lust hast, mit Samson und mir auf Safari zu gehen. Wir fahren nach Dodoma.«

»Kah«, rief der kleine Junge, »mit Sukuma?«

»Ja«, antwortete ich.

»Buana, in einem Auto fahren! Kah!«

Er fing an, einen Freudentanz aufzuführen, was die Eidechsen veranlasste, sich schleunigst auf den Stamm des Baobabbaums zurückzuziehen. Ich suchte das nötige Gepäck zusammen und verabschiedete mich von meinen Leuten.

Auf dem Weg zum Wagen fragte ich Samson: »Wer ist dieser blinde Junge eigentlich? Kennst du seine Geschichte?«

»Seine Leute sind tot, Buana. Er schläft in der Stammhütte seiner Verwandten in einem Dorf, das zu den allerheidnischsten gehört. Man sagt, sie ernähren ihn nur deshalb noch, weil sie glauben, dass er sowieso bald stirbt, und da wollen sie die Geister der Vorfahren nicht unnötig ärgern.«

Ein paar Meter von uns entfernt stand Mubofu in freudiger Erwartung neben dem Wagen.

Ich verfrachtete ihn zwischen Samson und mir auf dem Vordersitz, ließ die Handbremse los und rief: »Kommt, Jungs, schiebt!«

Langsam bewegten wir uns mit zwanzig »Jungenstärken« vorwärts. Die alte Kiste wollte noch nicht so recht, gewann aber an Geschwindigkeit, als wir den steinigen Weg vom Krankenhaus hinunterrollten. Ich schaltete die Kupplung ein und gab Gas. Sukuma donnerte von hinten und kreischend rissen die kleinen Helfer aus. Der Motor war angelaufen und damit hatte auch meine Ferienreise begonnen, die mich an das entfernte Ufer des Viktoriasees, ins Zentrum Afrikas, bringen sollte.

Ich folgte – so gut ich konnte – einer halsbrecherischen Wegspur, die durch ein ausgetrocknetes Flussbett führte.

»Buana«, sagte der kleine Blinde, »auf dem Hügel hinter dem vierten Fluss wohne ich. Siehst du, wie genau ich diese Straße kenne!«

»Das stimmt«, bestätigte Samson, »er bewegt sich hier so gut wie jeder andere. Seine Füße scheinen jeden Stein und jedes Loch zu kennen.«

»Hier in Tschibaja, Buana, bin ich geboren, und hier habe ich meine Augen verloren.«

»Oh«, fragte ich, »wie ist denn das passiert?«

Mubofu streckte vier Finger in die Luft. »Es war vor vier Jahren, Buana, als Serenjenji in unser Dorf kam.«

Ich warf einen fragenden Blick auf Samson. Er formte mit seinen Lippen das Wort »Masern«. Ich nickte stumm.

»Hongo«, fuhr Mubofu fort, »das waren Tage der Sorge, Buana. Zuerst floss meine Nase, dann flossen meine Augen; und wie ich hustete! Meine Verwandten wollten mich nicht schlafen lassen. Sie trommelten auf Büchsen, schrien und schüttelten mich: ›Du darfst nicht sterben!‹, riefen sie. Dann wurde es mit meinen Augen immer schlimmer. Oh, das grelle Licht, und die Fliegen! Sie trugen mich in das Haus, aber der Rauch des Küchenfeuers machte es nur noch schlimmer.«

Plötzlich setzte er sich auf und wies mit seinem Kinn auf eine Anzahl Hütten: »Dort, Buana, ist meine Wohnung, und da ist das alles geschehen.«

»Kah«, sagte Samson, »woher weißt du denn, dass wir in dein Dorf gekommen sind?«

»Kumbe«, erklärte der Junge, »ist meine Nase etwa nicht wach? Wie sollte ich den Geruch meines eigenen Dorfes nicht erkennen?«

Eine Weile herrschte Stille, dann fuhr er fort: »Es war ein Schmerz, ein brennender Schmerz in meinen Augen; ich hatte Augengeschwüre. Aber es war niemand da, der mich ins Krankenhaus gebracht hätte. Es gab überhaupt noch keine Missionsstation und du warst noch nicht von deinem Land zu uns gekommen.«

Im Dschungel neben der Straße bewegte sich etwas. Plötzlich rief Samson:

»Schau, Buana, Impala ...«

Ein Bock von der Größe eines Ponys sprang aus einem Dornbuschdickicht und floh in weiten Sätzen davon.

»Was war das?«, fragte Mubofu. Er hatte seine Hand auf meine Schulter gelegt.

»Ein prächtiger Bock«, entgegnete ich. »Da – schau doch nur! Da hinten kommt noch einer.«

Kaum hatte ich diese Worte ausgesprochen, als mir bewusst wurde, was ich gesagt hatte. Aber der blinde Junge hatte nichts bemerkt. Sein Gesicht glühte. »Ich kann ihn sehen, Buana, in mir drin, wie er springt!«

Die Straße schlängelte sich durch dorniges Gelände dahin. Während des Fahrens dachte ich an die Masern und erinnerte mich daran, dass sich solche Epidemien alle fünf Jahre wiederholen können. Es schien, dass bald wieder ein neuer Ausbruch an der Reihe wäre, wenn diese verheerende Krankheit sich an den Fahrplan hielt.

Wir durchquerten ein trockenes Flussbett, das in der Regenzeit zum schlammigen Strom anwachsen würde. »Wir müssen uns auf eine neue Masernepidemie vorbereiten, Samson«, sagte ich, »jetzt, da wir unser Krankenhaus in Betrieb haben, dürfen wir so etwas nicht wieder geschehen lassen.«

»Kah, Buana«, entgegnete Samson, »sie werden nicht nur blind, wenn die Masern kommen – viele Hunderte von Kindern sterben. In unserem Land ist es besonders für Kinder die Krankheit des Kummers, der Sorge und des Todes.«

Ich blickte auf das erbarmenswerte kleine Gesicht neben mir und dachte dabei an die Qualen, die der Junge erlitten haben musste. Doch seine Gedanken waren längst nicht mehr bei den Masern. Er war voll gespannter Aufmerksamkeit; jeder Kilometer dieser Reise hatte sein eigenes, ganz besonderes Interesse für ihn. Er versetzte mich immer wieder in Erstaunen durch seine Beschreibung dessen, was uns auf der Fahrt begegnete. Seine Sinne schienen alle Eindrücke ungewöhnlich schnell aufzufassen. Er saß da, aufmerksam wie ein Spitz, während Sukuma mit großem Getöse auf der Kap-Kairo-Straße voranholperte.

Jetzt entdeckten wir einen steilen Hügel, der mit Kakteen übersät war. Zu unseren Füßen lag ein Fleck dunkelgrüner Mangobäume, die das sandige Flussbett umsäumten, und zwischen ihnen schimmerten uns die weißen Gebäude der Missionsschule für Jungen entgegen. Wir bogen von der Straße ab und kamen durch einen Erdnussgarten an einer Schreinerwerkstatt vorbei, wo afrikanische Jungen eifrig damit beschäftigt waren, Tische anzufertigen. Unter einem großen Kikujubaum hielten wir an. Ich stellte Mubofu auf den Boden, nahm einen afrikanischen Schilling aus meiner Tasche und nickte Samson zu. Ich betrachtete den Löwen auf der Rückseite der Münze, legte sie dann in seine Hand und sagte: »Samson, kauf damit etwas zu essen für dich und Mubofu. In einer Stunde fahren wir zur Bahnstation.«

Von meinem Freund, dem Direktor jener großen afrikanischen Schule, hörte ich, dass tatsächlich im Sudan und in Äthiopien eine Masernepidemie wütete. Ob sie auch in Tanganjika ausgebrochen sei, war nicht bekannt.

Der Bahnhofsvorsteher, ein großer Pakistaner, teilte mir mit, dass der Zug zehn Stunden Verspätung habe. Da ihm mein Beruf bekannt war, erzählte er mir von einer schweren Seuche, die in seiner Heimatstadt Karatschi viel Unheil anrichte. Das klang ganz verdächtig nach den Masern.

Samson pumpte Sukumas Reifen auf. Als ich durch das Tor des Bahnhofs auf ihn zukam, blickte er fragend auf.

»Der Zug hat zehn Stunden Verspätung«, teilte ich ihm mit.

Mubofu lachte: »Hongo, Buana, das ist ausgezeichnet. Schau, jetzt hast du Zeit, mir viele Dinge über Dodoma zu erzählen und alles zu beschreiben, was du mit deinen Augen siehst, damit ich es in Gedanken sehen kann.«

Mubofu

»Samson, geh zuerst in Ahmed Rhemtullas Laden und kauf Reis und Seife. Und vergiss nicht den Zement, den wir für den neuen Brunnen brauchen! Nimm Mubofu mit. Wenn ich meine Angelegenheiten hier auf dem Bahnhof erledigt habe, hole ich ihn ab, um ihm ein wenig die Stadt zu zeigen!«

»Ndio, Buana«, antwortete Samson, kletterte auf den Führersitz und fuhr davon. Ich blickte Sukuma nach. Mubofus Kopf ragte aus dem Fenster heraus, um ja jeden Ton mitzukriegen, den die Stadt hervorbrachte. Ich konnte mir vorstellen, dass Samson ihm alles erzählen würde, was es nur zu erzählen gab: von dem großen Postamt und der Festung aus Granit, die aus der Zeit stammte, als Tanganjika noch Deutsch-Ostafrika war. Meine verschiedenen Geschäfte mit dem Bahnhofsvorstand kosteten mich eine gute Viertelstunde. Dann überquerte ich die Bahngleise, von Schwelle zu Schwelle springend.

Mein Weg führte mich an einem öffentlichen Brunnen vorbei, der von Wasserträgern belagert war, die für jeden Benzinkanister Wasser, den sie holten, einen Cent zahlen mussten.

Als ich bei dem indischen Laden ankam, fand ich Mubofu auf einer Kiste sitzend, während Samson einen Sack Reis nach dem anderen in den Wagen lud.

»Kah, Buana«, sagte der kleine Junge, als ich zu ihm hinüberging und meine Hand auf seine Schulter legte. »Kah, hat dieser Ort nicht einen reichen Geruch?«, und seine Nase schnupperte vielsagend in der Luft.

Eine alte Inderin zerkleinerte einen riesigen Brocken klebrigen, braunen Kandiszucker.

»Magst du ein Stück Zucker?«, fragte ich.

Mubofu nickte heftig mit dem Kopf. Ich legte also ein Fünf-Cent-Stück auf den Tisch und erhielt dafür einen mächtigen Klumpen Zucker, so groß wie meine Faust. Zu meinem Entsetzen fand ich darin eine riesige Küchenschabe einbalsamiert.

»Heh, Mubofu, pfui, es ist ein Dudu darin!« Aber das störte den Kleinen nicht im Geringsten.

»Bist du so gut und nimmst es heraus, Buana?«, bat er mich.

Während wir durch die Stadt marschierten, wurde Mubofu klebriger und klebriger und nickte nur noch mit dem Kopf, statt wie sonst eine Unmenge von Fragen zu stellen. Ich versuchte ihm den Klempner zu beschreiben, der mit großer Geschicklichkeit Benzinkanister zu verschiedenen Gebrauchsgegenständen verarbeitete. Dann erzählte ich ihm von dem indischen Schuhmacher, der mit seinen Zehen fast ebenso schnell und geschickt arbeiten konnte wie mit den Fingern. Einige Somalier, in den schreiendsten Farben gekleidet und mit prächtigen Turbanen, kamen uns auf der Mitte der Straße entgegen. Vor ihnen stoben einige räudige Hunde und eine Anzahl Hühner auseinander. Hinter uns plärrte eine Hupe. Ich packte Mubofu gerade noch rechtzeitig genug, um ihn vor einem baufälligen Lastwagen zu retten, der von einem Araber gesteuert wurde. Der Wagen war überfüllt mit Afrikanern und Gepäck, einschließlich einer traurig dreinschauenden Ziege. Mubofu leckte seine Finger ab. Der Zucker war mit erstaunlicher Geschwindigkeit verschwunden.

»Kah, Buana«, sagte er, »ich weiß, wo wir jetzt sind. Sind wir hier nicht in der Nähe des Marktes? Schau, ich kann die Häute von Kühen riechen. Ja, und Butter!«

»Weißt du, mein Freund«, antwortete ich, »diese Butter ist nicht gerade nach unserem Geschmack.« Voller Abscheu erblickte ich eine Kürbisflasche, angefüllt mit einem hellen, flüssigen Zeug, das meine Nase als nahen Verwandten einer gewissen Käsesorte bestimmte.

»Heh, Buana«, stöhnte der kleine Junge, »es ist schrecklich heiß.«

»Nun, dann setz dich einen Augenblick in den Schatten! Komm, wir sind hier gerade an der großen Kathedrale.«

Mubofu ließ sich auf der obersten Treppenstufe nieder, den Rücken der weit geöffneten Tür zugekehrt. Sorgfältig wischte er seine Hände an seinem einzigen Kleidungsstück, einem kostbaren alten Lumpenfetzen, ab. Eine Weile war es still. Er hatte seine Nase in die Luft gehoben und lauschte aufmerksam, um ja jeden Geruch einzufangen und jedes irgendwie erreichbare Geräusch mitzubekommen. Dann sagte er mit beinahe ehrfürchtiger Stimme: »Buana, erzähl mir doch, wie diese große Kathedrale aussieht.«

Wir betraten die Kathedrale. Eine wohltuende Stille herrschte in dem großen Raum, die Gewölbe gaben einen dunklen Widerhall auf unsere Stimmen.

»Schau«, erklärte ich ihm, »sie hat kein flaches Dach wie die gewöhnlichen Häuser der Menschen, sondern ist gewölbt wie dein Schädel, und ihre Mauern sind sehr hoch. Selbst wenn sechs Männer übereinanderstehen würden, einer auf der Schulter des anderen, würden sie kaum das Dach erreichen.«

»Buana«, staunte der kleine Junge, »dann muss es ja fast bis an die Wolken reichen!«

»In der Mitte des Raumes stehen Stühle, Mubofu, genug für sechshundert Leute, und weiter vorne ist der Ort, wo gesungen und gepredigt wird.«

Mubofu nickte zu jeder einzelnen Beschreibung. Ich blickte durch die weit geöffnete Tür. »Da draußen, Mubofu, da draußen ist ein Ort, wo viele Soldaten begraben sind, die im Kampf um Tanganjika gefallen sind.« Ich richtete sein Kinn sanft auf eine Dornbuschhecke jenseits der Eisenbahnlinie. »Und ein bisschen weiter nördlich sieht man den Pfad, den die Araber benutzen, wenn sie ihre Sklaven zur Küste verschleppen, um sie dort zu verkaufen.«

Bei diesen Worten war der Kleine sehr ernst geworden. Ich beobachtete ein paar Eidechsen, die an der Mauer hinaufkletterten, um Fliegen zu fangen, als mein Begleiter plötzlich fragte:

»Buana, können die Leute im Himmel sehen?«

Die Frage traf mich unvorbereitet.

»Ja, Buana?«

»Aber sicher, Mubofu, steht in Gottes Wort nicht, ›sie werden sein Angesicht schauen‹?«

»Buana, komm, lies es mir vor.« Er streckte seine Hand aus, und ich führte ihn durch die Kirche zum Lesepult, wo ein Neues Testament in Kigogo lag. Ich blätterte darin.

»Buana, kannst du nicht fühlen, dass Gott hier ist?«

Ich nickte, ganz vergessend, dass er mich ja nicht sehen konnte.

»Ja, Mubofu! Gott ist immer allen nahe, die zu seiner Familie gehören. Sie dürfen zu jeder Zeit mit ihm sprechen, und er redet mit ihnen durch sein Buch. Hör zu, das hier sind die Worte, in denen Gott uns etwas über den Himmel mitteilt. Sie wurden von einem Mann namens Johannes aufgeschrieben. Er war ein persönlicher Freund Jesu, zur Zeit, als unser Herr noch auf der Erde lebte und die Menschen heilte, die krank und blind waren, bevor man ihn an das Kreuz nagelte. Hier steht es, Mubofu: ›Gott wird alle Tränen von ihren Augen abwischen, und es wird keinen Tod mehr geben, und kein Leid mehr, und kein Geschrei und keinen Schmerz, denn das Erste ist vergangen.‹ Siehst du, das sagt die Bibel über den Himmel.«

»Bitte, Buana, lies es noch einmal vor«, bat er.

Ich las die Stelle noch einmal. Da kam es ganz leise von seinen Lippen: »Buana, wenn ich doch nur in den Himmel gehen könnte! Aber ich bin ja nur ein kleiner Junge, Buana, blind und nutzlos. Ich kann so wenig tun.«

»Mubofu«, sagte ich, »hör zu. Es spielt gar keine Rolle, was du tust. Es kommt darauf an, was der Herr Jesus getan hat. Er ist gestorben, damit du in den Himmel gehen kannst. Er ist gestorben, um das für dich zu tun, was du selbst niemals fertiggebracht hättest, wie sehr du dich auch anstrengen würdest. Er hat den Kaufpreis für deine Freiheit bezahlt.«

Mubofu nickte: »Ich verstehe, Buana, er hat das Lösegeld bezahlt.«

»Ja, Mubofu, genau das. Erinnere dich doch: An diesem Ort gab es vor Jahren Sklaven, aber niemand war da, um sie freizukaufen. Wir dagegen wissen, dass Jesus, Gottes eigener Sohn, starb, um uns von einer ganz anderen Art von Sklaverei freizukaufen.«

Wieder nickte Mubofu: »Aber, Buana, bist du dir sicher, dass das auch für mich gilt?«

»Ganz sicher, denn Jesus sagt: ›Wer zu mir kommt, den will ich nicht – unter gar keinen Umständen – hinausstoßen.‹«

»Aber was muss ich denn tun, Buana? Was kann ich ihm sagen, weil ich doch so gern auch zu seinem Stamm gehören möchte?«

»Bitte den Herrn Jesus, dein Buana zu sein.«

Der kleine Junge streckte beide Hände aus, so wie

es in seinem Stamm üblich ist, wenn ein willkommener Gast empfangen wird: »Mulungu, umulungulungu mbotschere – allmächtiger Gott, bitte nimm mich an –.«

Die Sonne stand schon tief am Horizont, und das Licht, das durch ein schmales Fenster hereinströmte, zeigte mir das innere Leuchten auf dem Gesicht des kleinen Blinden. Ich sah nicht mehr das Grauen seiner leeren Augenhöhlen, sondern die ganze Schönheit seines Lächelns. Es schien mir, als habe Mubofu sehr recht mit seiner Bemerkung, Gott sei in diesem Raum gegenwärtig. Wie nahe war er uns in dieser Stunde! Einige Zeit schwiegen wir beide, dann fragte er: »Buana, willst du zu Gott sprechen?«

So beteten wir gemeinsam in der Sprache des Blinden zu dem Allmächtigen. Langsam wandten wir uns wieder zum Gehen und schritten durch den langen Gang an den dreibeinigen Schemeln vorbei dem Ausgang zu. Ich stand gerade im Begriff, meinen Fuß auf die Türschwelle zu setzen, als ich mitten in der Luft anhielt …

»Pst – bleib ganz still!«, zischte ich Mubofu zu. »Bleib genau dort stehen, wo du bist – beweg den Kopf nicht –.« Wortlos gehorchte der Junge. Ich griff ruhig nach einem dreibeinigen Hocker, hob ihn auf und schmetterte ihn mit aller Kraft zu Boden. Krach! schlug er auf die Treppe. Schnell zog ich den Kleinen zurück in die Kirche und blickte auf die Türschwelle. Dort wand sich eine Kobra; aber ihr Rückgrat war gebrochen.

»Was war das, Buana?«, fragte Mubofu.

»Eine Schlange«, erwiderte ich. »Hättest du nur einen weiteren Schritt getan, Mubofu, so wärst du jetzt wahrscheinlich schon im Himmel!«

»Kah«, meinte der kleine Junge, »vielleicht hat der Herr Jesus doch noch etwas für mich zu tun?«

Telegramme und Tragödien

Der Tausendtonnendampfer schlingerte höchst ungemütlich, und jeder an Bord schien mehr als dankbar zu sein, als am Horizont endlich die blaue Küstenlinie von Tanganjika sichtbar wurde. Die ganze Zeit hatte uns eine riesige Wasserwüste umgeben, und es schien so unwahrscheinlich, dass wir uns im Herzen Afrikas befinden sollten. Dies war nun die letzte Station auf meiner Reise rund um den Viktoriasee.

Einer der Schiffsoffiziere kam auf mich zu. »Doktor, wir scheinen drei Stunden Verspätung zu haben. Das heißt, dass Sie wahrscheinlich den Zug verpassen werden und einige Tage auf den nächsten warten müssen. Immerhin kommen Sie so noch zu ein paar zusätzlichen Ferientagen und haben das Glück, sich die alte Sklavenstadt Muansa anzusehen. Vergessen Sie ja nicht, die Bucht aufzusuchen, in der Alexander Mackay seine Jacht baute, auf der er nach Uganda zu reisen pflegte!«

Sehr bald kam der belebte Kai mit seinen palmbewachsenen Ufern und den weißen Gebäuden der Stadt im Hintergrund in Sicht. Ich stand gerade im Begriff, mein Gepäck zusammenzusuchen, als ein Afrikaner über den Landesteg auf mich zueilte und mir ein Telegramm übergab. Telegramme rufen in mir gewöhnlich ein unangenehmes Gefühl hervor.

Ich riss den Umschlag auf: »masernepidemie breitet sich aus – dreißig todesfälle in umliegenden dörfern – sofortige rückkehr erforderlich.«

Sofort mietete ich drei Träger und rannte in einem höchst unwürdigen Tempo zum Bahnhof, sodass sich die Einheimischen sehr verwunderten. Im Bahnhof herrschte eine unheimliche Ruhe. Da stand ich nun: ein paar hundert Kilometer von dem Ort entfernt, wo meine Anwesenheit unerlässlich war. Der Personenzug war vor genau zwei Stunden abgefahren, und der nächste kam erst in drei Tagen. Ich blickte nach Osten. Dort drüben, auf jenen Zentralebenen, wütete eine Epidemie, Kinder starben dahin, und ich saß hier fest – kampfunfähig. Eine bittere Pille für mich! Es gab nur eins – ich machte mich sofort daran, jede Möglichkeit auszukundschaften, wie ich diese fünfhundert Kilometer überwinden könnte.

Ich ging zum Stationsvorsteher, einem hoch aufgeschossenen Inder mit Turban und schwarzem Bart. Der schien sich ausschließlich für den blauen See mit seinen grünen Inseln zu interessieren, die sich vor seinem Fenster ausbreiteten.

»Herr Stationsvorsteher, gibt es nicht irgendeine andere Möglichkeit, nach Dodoma zu gelangen?«, fragte ich ihn.

Mit einer typisch indischen Geste winkte er ab: hoffnungslos!

»Es fährt kein anderer Personenzug, und für Lastwagen ist der Weg unmöglich!«

»Wie wäre es mit einem Güterzug?«, fragte ich bescheiden an, »könnte ich nicht mit dem Zugführer im Bremswagen reisen?«

Zweifelnd schüttelte er den Kopf. »Ich will mich nach einem Güterzug erkundigen, Doktor.«

Ich bewunderte das prächtige, zweistöckige Bahnhofsgebäude, das den Abschluss der über tausend Kilometer langen Strecke bildete, die an der Küste des Indischen Ozeans ihren Anfang nahm.

Der Stationsvorsteher kam aus seinem Büro zurück, machte eine Verbeugung und sagte: »Ich muss Ihnen leider mitteilen, Herr Doktor, dass zwar ein Güterzug fährt, dass er aber für eine Reise äußerst unbequem ist. Wenn Sie jedoch die Nachteile einer schlechten Federung und einer langsamen Fahrt in Kauf nehmen wollen, so steht Ihrer Mitreise nichts im Weg.«

So kam es, dass ich mich an jenem Abend, bewaffnet mit einer Sturmlaterne, einem Korb voll Mangos und einem Pfund Zwieback so wohnlich wie möglich im Bremswagen des Güterzugs einrichtete …

Monoton folgte der Zug der Schienenspur; unter uns ratterten die Stahlschwellen, die nötig waren, um die weißen Ameisen um ihre Mahlzeit zu prellen. Ich blickte hinaus in das Dunkel. Hunderte von Metern hinter uns wand sich eine leuchtende Spur glühender Asche, die unsere holzgeheizte Lokomotive hinterließ. Ein Versuch zu lesen war aussichtslos. Die Laterne schwang heftig hin und her. So döste ich auf meinem Feldsitz ein, um jedoch bald wieder auf höchst unsanfte Weise geweckt zu werden, als der Segeltuchsitz, der offenbar nicht mehr zu den jüngsten gehörte, plötzlich unter meinem Gewicht zusammenkrachte. Taumelnd versuchte ich, wieder auf meine Füße zu kommen, als der Zug auch schon mit kreischenden Bremsen an einer kleinen Station zum Stehen kam. Ein Stimmengewirr wurde hörbar, Menschen liefen hin und her und schwenkten eifrig ihre Laternen.

In der nächtlichen Kühle wanderte ich am Zug entlang, um mir die Beine zu vertreten und zugleich die Ruhe zu genießen. Am Ende des Zugs wurden im Licht der Sturmlaternen Kisten ausgeladen.

Dann hörte ich plötzlich eine Stimme hinter mir. »Entschuldige bitte, Buana Doktor.« Ich wandte mich um und sah mich einem hoch gewachsenen afrikanischen Askari gegenüber, dem der Zugführer folgte.

»Buana«, sagte der Polizist auf Suaheli, »würdest du bitte zum Bahnhof kommen? Dort liegt ein verirrter Junge auf dem Boden, der kaum noch atmet.« Ich hegte den Verdacht, dass man mich schonend darauf vorbereiten wollte, dass der Betreffende, wer er auch sein mochte, nicht mehr am Leben sei. Zu meinem Erstaunen fand ich bei ihm Lubeni, einen einheimischen Lehrer und alten Bekannten, der Hunderte von Kilometern entfernt wohnte.

»Buana«, begrüßte er mich in dem Dialekt, der mir am geläufigsten war. »Er wohnt weit weg von hier. Er hatte erst die Masern, und dann, als er noch sehr schwach war, wurde er von einer Hyäne angefallen. Viele Tage wurde er von dem Medizinmann behandelt, dann schickte ihn der Häuptling zu einer unserer Missionsstationen. Er brach jedoch unterwegs zusammen, und ich fand ihn verlassen im Busch. Er war völlig erschöpft, und wie entsetzlich roch sein Arm! So habe ich ihn auf den Rücken genommen und ihn hierher gebracht, um ihn in einen Zug zu setzen. Aber dann ist er wieder zusammengebrochen, und nun sagte man mir, dass du in diesem Güterzug wärst.«

Ich neigte mich über den Jungen und fühlte seinen schwachen Puls. Es war kaum noch Leben in ihm. Sein Arm befand sich in einem schrecklichen Zustand. Wir legten ihn auf eine der einheimischen Matten und trugen ihn mithilfe des Polizisten zum Bremswagen. Hier hatte ich eine kleine Unterhaltung mit dem Zugführer, die nicht gerade sehr freundlich verlief. Er zeigte nicht die geringste Lust, weitere Personen – dazu noch kranke – in seinem Wagen mitzunehmen. Nach einiger Zeit jedoch lenkte er ein, und als der Zug ratternd seine Reise fortsetzte, war nicht nur unser Patient gut verstaut, sondern auch Lubeni.

Leider fehlte uns das Allerwichtigste. Immerhin hatte Lubeni eine kleine Feldapotheke und eine Kürbisflasche voll Milch mitgebracht. Die Schwierigkeit bestand darin, dass unser Patient völlig bewusstlos war und nicht schlucken konnte. Wir flößten ihm die Milch also mithilfe eines Gummiröhrchens ein, das ich zufällig von meinem Horchgerät bei mir trug. Der Zugführer spendete den Trichter dazu, den er sonst für seinen Benzinkocher brauchte. Lubeni war rührend besorgt um den Jungen.

»Schau, Buana«, sagte er, »jetzt kann er schlucken.« Mein afrikanischer Freund hielt dem Kranken eine Schale Milch mit einer Glukose-Lösung an die Lippen. Trotz des Wackelns und Holperns des Zuges trank er einen Schluck nach dem anderen. War der Lärm schon vorher zermürbend gewesen, jetzt schien er unerträglich zu werden. Wie sehnte ich mich nach der Stille und selbst der primitivsten Erleichterung, die das Krankenhaus geboten hätte. Das nächtliche Dunkel draußen schien von der Hoffnungslosigkeit des leidenden Jungen zu sprechen. Ich dachte an die Tage und Nächte voll Angst und Verzweiflung, die er auf dieser Reise schon erlebt hatte, als ich die Spritze füllte, die seine Schmerzen lindern sollte. Zehn Minuten später sagte er seufzend: »Die Schmerzen sind vergangen, Buana.« Mit schwacher Stimme flüsterte er dann einige Worte, die ich nicht verstand, aber Lubeni erklärte: »Er möchte noch mehr trinken, er hat immer noch Durst.«

Dieser Fortschritt machte mir Mut, und ich gab ihm noch eine Tasse Milch. Als der Tag dämmerte, schien eine wirkliche Besserung einzutreten. Der Junge setzte sich auf. Doch ich sah, dass er völlig erschöpft war. An einer der nächsten Stationen holte ich eine Schüssel heißes Wasser von der Lokomotive und verband seinen Arm. Es war keine sehr angenehme Beschäftigung. Es gelang uns auch, ein Baumwolltuch und einige Liegematten aufzutreiben.

Während des ganzen Tages rumpelte der Zug dahin, und zwischendurch schien er in jedem kleinen Nest stundenlang zu halten. Es war unerträglich heiß, die Stahlwände des Wagens machten den Aufenthalt darin zur reinen Qual. Wir brauten etwas Tee und gaben dem Kranken zu trinken.

Wir waren alle so müde, dass wir uns kaum wach halten konnten, und doch war es ebenso unmöglich, bei dieser Gluthitze und den vielen Fliegen zu schlafen. Die Haltung des Zugführers wurde immer feindseliger. Wenn das nur gut ging! Ich befürchtete ernsthafte Unannehmlichkeiten von seiner Seite. Dem Sonnenuntergang folgte unmittelbar eine tiefe Finsternis. Ich fühlte den Puls meines Patienten. Mein Gesicht zeigte große Besorgnis. »Was ist?«, fragte Lubeni leise. Ich neigte mich zu ihm und flüsterte ihm ins Ohr: »Es geht auf Biegen und Brechen. Hoffentlich gelingt es uns, ihn noch zu retten. Bitte beobachte ihn und ruf mich, sobald irgendeine Veränderung eintritt.« Der Afrikaner nickte. Am Boden sitzend und gegen die Wand gelehnt, fiel ich in einen unruhigen Schlaf. Durch meine Träume geisterte die unheilvolle Tätigkeit der Medizinmänner. Mit einem Ruck erwachte ich, am ganzen Körper zitternd, als Lubenis Hand sich auf meine Schulter legte.

»Buana«, sagte er, »ich glaube, er ist endlich eingeschlafen.« Gemeinsam betteten wir den Kranken so bequem wie möglich.

»Lubeni«, flüsterte ich, »weiß er etwas von Gott und von dem Weg des Lebens?«

Lubeni schüttelte den Kopf.

»Ich glaube nicht, dass er etwas verstehen kann, Buana. Er ist zu krank, um auch nur zuzuhören. Und dann kommt er aus einer Gegend, wo sie ihre Ahnen anbeten und wenig von Jesus und dem Weg des Lebens wissen.«

Wir schwiegen. Der Zug hatte wieder einmal eine Pause eingelegt. Von der Lokomotive her dröhnte das Gepolter der Holzklötze, die in den Tender gefüllt wurden. Von jenseits der Dornbüsche drang das Zirpen der Grillen an unser Ohr, untermalt von dem rhythmischen Schlag einer Trommel aus einem fernen Dorf. Dazwischen bellte ein Schakal.

Beim Laternenlicht sah ich, dass wir noch gut hundert Kilometer von dem Bahnhof entfernt waren, von wo wir zu unserer Station gelangen konnten. Als der Zug wieder losfuhr, fühlte ich den Puls unseres jungen Freundes flackern und dann stillstehen. Wir kamen zu spät. Ich blickte zu Lubeni hinüber.

»Es ist zu spät, Lubeni. Ach, hätten wir unser Ziel doch noch rechtzeitig erreicht!«

Als der Zug in den nächsten Bahnhof einrollte, ließen wir alles, was von dieser Tragödie eines jungen afrikanischen Lebens übrig geblieben war, zurück – eingewickelt in eine billige Decke. Ich wusste, dass vor mir Wochen fieberhafter Tätigkeit lagen, die die Rettung zahlloser Menschen bedeuten konnten, mit einfachsten Mitteln und geringstem Kostenaufwand.

Ein Vorgeschmack

Der Tanganjika-Express rollte weiter durch die Nacht. Die Herbheit des Dornbusch-Dschungels und der seitlich starr aufragenden Granitblöcke wurde durch das Geglitzer der Sterne gemildert. Vor uns bahnte ein breiter Lichtkegel von den Scheinwerfern der Lokomotive unseren Weg. Ich stand auf der Plattform des Wagens und spähte hinaus. Gerade huschte vor uns eine Hyäne, die sich über die Reste einer Gazelle hergemacht hatte, ins Dunkel zurück. Dann tauchte im Scheinwerferlicht ein heller Fleck auf: Drei Giraffen standen in einer Reihe wie Orgelpfeifen da: in großer, mittelgroßer und kleiner Baby-Ausführung. So plötzlich, wie sie erschienen waren, verschwanden sie auch wieder. Der Zug aber verfolgte unverdrossen seinen Weg nach Dodoma, der Hauptstadt der Zentralprovinzen.

In einiger Entfernung blinkten ein paar Lichter auf. Es war die Stadt. Der Scheinwerfer spielte mit seinen weißen Fingern über eine Gruppe von Mangobäumen an einem ausgetrockneten Flussbett. Für einen Augenblick tauchte vor mir die Kuppel der Kathedrale aus dem Dunkel auf, und ich dachte an mein dortiges Erlebnis mit Mubofu. Der Zug hatte seine Geschwindigkeit bis auf Schneckentempo verringert und fuhr nun in den Bahnhof von Dodoma ein. Im hell erleuchteten Bahnhof standen strahlend meine Mitarbeiter Daudi und Samson.

Ich schüttelte ihnen herzlich die Hände.

»Kah, Buana, waidjina«, kam es aus einem Mund: »Du bist dick geworden, Buana.« Das war die korrekte Begrüßungsformel für jemanden, der aus den Ferien zurückkehrte. Auf dem Weg zum Wagen erfuhr ich die letzten Neuigkeiten der Station.

»Buana«, sagte Daudi, »das ist eine schlimme Sache, sehr, sehr schlimm. Im ganzen Land sterben die Kinder wie die Fliegen. Und wir können so wenig dagegen tun. Wir brauchen deine Hilfe so dringend!«

»Lasst uns so schnell wie möglich einen Schlachtplan entwerfen«, antwortete ich.

Samson kurbelte den Motor an, der nach kurzem Stottern wie ein Flugzeug losdröhnte. »Mensch, was ist denn da los?«, brüllte ich durch den Lärm. »Das Auspuffrohr ist abgegangen, Buana«, schrie Samson zurück. »Wir hoffen, es auf dem Rückweg wiederzufinden.«

Ich lachte vor mich hin, während der Wagen die Stadt hinter sich ließ und die alten vertrauten Kurven und Wendungen der Straße sich vor uns auftaten. Meine afrikanischen Mitarbeiter erzählten mir eifrig von der Erdnussernte, die bald fällig war, von den Balken des Laboratoriumdachs, die die weißen Ameisen inzwischen ganz verspeist hatten, und von der Krankenschwester, die davongelaufen war, um zu heiraten.

Es war drei Uhr morgens, als ihr Redeschwall endlich verstummte. Sukuma schnaufte mit großem Getöse durch das Dickicht. Hin und wieder blitzten im Scheinwerferlicht die Augen einiger Dschungelbewohner auf, aber nicht einmal das Nachtleben der Wildnis war interessant genug, um meine Begleiter wach zu halten. Ihre Köpfe fingen an zu nicken. Wir erkletterten gerade einen Hügel. Unter den Zweigen eines mächtigen Baobabbaums, die sich wie die Arme eines Skeletts nach uns ausstreckten, stand ein typisch afrikanisches Haus. Es hätte ein Bild aus Stanleys Buch »Wie ich Livingstone fand« sein können. Als wir auf gleiche Höhe kamen, löste sich eine Gestalt aus dem Dunkel und lief winkend auf uns zu. Ich zog die Bremse an.

»Buana«, kam die Stimme, »kannst du hereinkommen und nach meinem Sohn sehen? Er hat die Stechkrankheit.« Auf diese bildhafte Weise beschreiben die Afrikaner die Schmerzen einer Lungenentzündung.

Ich zündete eine Sturmlaterne an und ging, um mir den Jungen anzusehen. Schlaftrunken folgte mir Daudi.

»Wo sind wir hier, Daudi?«

»Das Dorf heißt Manhumbulu, Buana.«

Ich erinnerte mich, dass Stanley den Namen oft erwähnt hatte, und zwar nicht gerade in sehr rühmlicher Weise. Hier waren ihm die Häuptlinge feindlich begegnet und hatten ihm Stoffballen als Tribut für die Durchreise abverlangt.

Daudis Stimme drang aus der Dunkelheit zu mir: »Dies hier ist der Häuptling, Buana. Er ist ein Mann von großem Einfluss.«

Wir waren vor der Hütte angelangt. Unser Führer ging voraus.

»Hodi?« (»Darf ich eintreten?«), rief ich vor dem Eingang.

»Karibu (›Tritt ein‹), Buana«, erwiderte ein Chor von Stimmen aus der Finsternis.

Das Licht meiner Laterne fiel auf einen roten Lehmboden und auf Wände mit einer Decke aus gleichem Material. Auf dem Boden, bedeckt mit einer Baumwolldecke, lag ein junger Mann auf einer Kuhhaut. Seine Augen waren stark angeschwollen, seine Nasenflügel bewegten sich, und jeder Atemzug war von einem kläglichen Stöhnen begleitet. Daudi half ihm, sich aufzusetzen. Ich klopfte ihm den Rücken ab, wie wir Ärzte es zu tun pflegen. In meinem Hörgerät vernahm ich das verhängnisvolle Geräusch, das für die Lungenentzündung so typisch ist. Ich klopfte die andere Seite ab – eine doppelte Lungenentzündung! Noch einmal horchte ich mit dem Stethoskop; es bestand kein Zweifel über die Diagnose. Ebenso deutlich war es, welche Behandlung ihm bisher zuteilgeworden war: Quer über seine Brust liefen einige tiefe Schnitte, in die man ein Gebräu eingerieben hatte, das die Wunden entzündete und anschwellen ließ. Wie ich erfuhr, war der Lungenentzündung unser alter Feind »Masern« vorausgegangen.

Ich nickte dem Häuptling zu: »Du hast recht, es ist die Stechkrankheit, und es steht sehr schlimm um ihn. Wir wollen ihn in den Wagen tragen, ihn mit ins Krankenhaus nehmen und hoffen, dass er mit Gottes Hilfe wieder gesund wird.«

Samson und Daudi reichten sich die Hände und bildeten einen Notsitz, um den Patienten zum Wagen zu tragen, wo er in alle verfügbaren Decken eingehüllt und von Daudi sorgfältig gestützt wurde. Ich nahm aus dem Kühler etwas Wasser, löste eine Morphium-Tablette darin auf und gab dem Kranken eine Spritze. Ich entschloss mich, erst die Wirkung abzuwarten, die in etwa zehn Minuten eintreten musste, bevor wir die Reise fortsetzten.

»Muhawa« (»Großer«), sagte ich zu dem Häuptling, »gibt es Serenjenji in deinem Land?«

»Kah! Buana, viele sind krank und viele sind schon gestorben.«

»Dürfen wir Hilfe und Medizin vom Krankenhaus schicken?«

»Heh! Ich will meine Männer senden, die sollen tragen helfen und deine Befehle ausführen.« Mein Patient war eingeschlafen, als ich mich verabschiedete und den Gang einschaltete. Vor uns lag ein schmales Flussbett, das mit Beton zur Straße ausgebaut worden war, aber auf so kluge Weise, dass man sie schon wie seine Westentasche in- und auswendig kennen musste, wollte man sich nicht mit einer netten kleinen Beule am Kopf irgendwo wiederfinden. Ich schaltete einen langsamen Gang ein und tastete mich vorsichtig vorwärts. Dennoch gab es plötzlich einen Knall – die Straße verschwand vor meinen Augen und wir waren in tiefe Finsternis gehüllt.

»Huh«, stöhnte Samson, »Kurzschluss.«

Die Dunkelheit war bedrückend. Sie schien uns einzuschließen. Die Nacht war still und unbewegt, und ich konnte das Stöhnen des kranken jungen Mannes hinter mir im Wagen hören. Samson hatte den Vordersitz aufgehoben und wühlte in der Werkzeugkiste herum.

»Au«, schrie er.

»Was ist los?«, fragte ich.

»Heh, ich habe mir den Finger eingeklemmt!«

Ich hörte Daudi in der Dunkelheit kichern.

»Ich glaube, ich habe in der Werkzeugkiste einen Skorpion gesehen«, sagte er.

»Wie schade«, antwortete Samson, »dass ich ihn nicht entdeckt habe, bevor ich die Zündkerzen gefunden habe.«

Als meine Augen sich an das Dunkel gewöhnt hatten, erkannte ich Samsons Schatten. Er hantierte unter dem Schaltbrett. Plötzlich flammte das Licht wieder auf und ertappte eine Hyäne, kaum fünfzehn Meter von uns entfernt. Vom Licht des Scheinwerfers geblendet, stahl sie sich davon.

»Jah«, sagte Daudi, »ist es nicht gut, wieder Licht zu haben?«

Ich setzte den Wagen in Bewegung. Die Straße machte einen Bogen, und mitten auf dem Weg überraschten wir ein Leopardenweibchen mit zwei Jungen. Eilig verschwanden sie im Busch. Kaum waren sie außer Sicht, als bei der Überquerung eines sandigen Flussbetts die Scheinwerfer einen Schwarzmähn-Löwen anstrahlten, der majestätisch und gelassen über die Straße spazierte.

»Jah«, bemerkte Daudi, »heute scheint aber auch alles unterwegs zu sein!«

Samson erleuchtete das Schaltbrett und zog sich die Schuhe aus. Einen Blick auf die Straße, den anderen auf ihn werfend, wartete ich gespannt auf das, was nun geschehen würde. Er schüttelte ein hässlich aussehendes Insekt aus dem Schuh und zerdrückte es zwischen den Fingern.

»Jah«, sagte er, »Dudus«. Alles, was da kreucht und fleucht, wird in Tanganjika »Dudu« genannt.

Von einem Hügel her blinkte ein Licht, kaum größer als ein Stecknadelkopf. Wir waren in Sichtweite unserer Station.

Wir verschwanden in einem Baobab-Gehölz, und mit uns verschwand das Licht. Im dichtesten Laub der Regenzeit verbarg sich die Wegspur mit ihren scharfen Windungen. Plötzlich machte die Straße einen Knick, und wir fuhren durch ein Dorf aus Lehmhütten. Vor einer Hütte tanzte eine Gruppe von Männern um ein Feuer. Die großen Trommeln schlugen in einem eigenartigen, hektischen Rhythmus. Ein eintöniger Trauergesang erklang von einer Schar von Männern, die sich im Schatten hielten und den betäubenden Lärm noch mit ihren Rasseln akzentuierten. Daudi lehnte sich zu mir herüber.

»Kah, Buana«, sagte er mit leiser Stimme, »das ist wirklich ein Ort der Bosheit. Nicht umsonst wird er ›Ort des Bösen‹ genannt. Der Häuptling Tschikoti ist der böseste Mann hier. Schau, er platzt vor Stolz. Er reitet auf einem weißen Esel und trägt eine Weste, die mit Silber bestickt ist. Er scheut sich nicht zu stehlen und nicht einmal zu morden.«

»Ist das nicht das Dorf, in dem Mubofu lebt?«

»Ja, Buana, er wohnt dort drüben.« Er wies mit seinem Kinn auf eine alte verfallene Hütte am Ende des Dorfs. »Ich habe Angst, dass diesem Jungen Unheil zustoßen wird.«

Die Straße wand sich durch ein Gewirr von Dorngebüsch.

»Kah«, sagte nun auch Samson, »Buana, das ist ein böser Ort, ein Ort, wo man sich in der Dunkelheit sehr leicht verlieren kann. Schau, von hier aus kann man das Licht des Krankenhauses auf dem Berg nicht sehen.«

Wir waren alle irgendwie dankbar, als das blinkende Licht wieder erschien. Wir fuhren durch die Mais- und Hirsefelder und erkletterten den langsam ansteigenden Hügel zu unserer Missionsstation.

Bald darauf lag unser Patient, der die Reise gut überstanden hatte, im Bett, und ich schlüpfte unter mein Moskitonetz, um noch ein paar Stunden Schlaf mitzubekommen, bevor ich mich daranmachte, zum Gegenangriff auf die schlimme Bedrohung des Kinderlebens in Tanganjika – die Masernepidemie – überzugehen.

Pläne und Demonstrationen

Ich stand im Kreißsaal des Krankenhauses und blickte durch die Fenster, die einen weiten Blick auf die Ebene freigaben, die sich Hunderte von Kilometern nach Norden ausdehnte.

»Schwester«, sagte ich. Sie war gerade dabei, ein neugeborenes afrikanisches Baby zu baden. »Was, meinen Sie, sollten wir tun, um dieser Masernepidemie zu begegnen?«

»Ich glaube, wir können nur eins tun«, antwortete sie, »es geht um das Leben von Hunderten von Kindern. Sie tun draußen in den Dörfern, was in Ihrer Kraft steht, und führen den Gegenangriff durch, und ich will tun, was ich nur kann, um die Arbeit hier in der Frauenabteilung weiterzuführen.«

Und so geschah es. Ich ging in mein Büro zurück und entwarf einen umfassenden Angriffsplan. Ich war beinahe damit fertig, als ich Daudis Stimme vor der Tür hörte.

»Hodi!«

Ich öffnete. Er setzte sich auf einen dreibeinigen Hocker. Ich nahm ein Blatt Papier: »Hier ist mein Plan im Groben, Daudi. Zuerst müssen wir im Krankenhaus für die Kinder Platz schaffen, und zwar eine ganze Menge.«

»Und, Buana, mach bloß viel Platz für Mütter, Großmütter und Verwandte! Vergiss nicht, dass viele dieser Leute grausamste Geschichten darüber gehört haben, was du mit deinen Patienten im Krankenhaus anstellst. Sie sagen, dass du sie mit deinem Messer aufschneidest und Teile aus ihrem Körper entfernst, während sie schlafen, um Medizin daraus zu machen. Und dann nähst du sie wieder so zusammen, dass man nichts mehr davon sehen kann. Die Mütter werden sich bestimmt nicht dazu bereit erklären, ihre Kinder ins Krankenhaus zu geben, wenn sie nicht alles beobachten können, was hier vor sich geht.«

»Ach du liebe Zeit!«, stöhnte ich, »müssen wir das wirklich tun, Daudi? Können wir sie nicht irgendwie draußen halten?«

»Wenn du das versuchst, werden wir auch ihre Kinder nicht hereinbekommen, und sie werden sterben!«

»Aber, Daudi, wenn wir sie hereinlassen, werden sie den Kindern die verkehrte Nahrung gehen. Sie werden sie bei hohem Fieber aus den Betten nehmen und sie womöglich auf den Boden legen, um selbst in den Betten zu schlafen. Haben wir das nicht schon alles erlebt?!«

»Unsere Augen müssen sehr wachsam sein, dass so etwas nicht vorkommt. Aber ist es nicht besser, dass wir uns die viele Mühe machen, als dass wir die vielen Kinder sterben lassen?«

»Nun gut«, sagte ich, »aber mir schwant nichts Gutes!«

»Heh«, sagte Daudi, »wir haben doch unsere Mutter Setschelela! Sie hat eine sehr starke Zunge und versteht es ausgezeichnet, mit Frauen fertig zu werden. Außerdem hat sie ein warmes Herz und erzählt ihnen Gottes Wort in der rechten Weise.«

»Gut«, antwortete ich, »das wäre also klar. Aber während wir die Vorbereitungen hier im Krankenhaus treffen, müssen wir unserem Personal eine besondere Masernschulung erteilen und erklären, was diese Krankheit überhaupt ist, was ihre Kennzeichen sind, wie sie sich auf andere überträgt und wie man ihr richtig begegnet. Nicht zu vergessen die schlimmen Folgen, die die Masern hinterlassen.«

»Und dann, Buana, müssen wir ihnen genau sagen, was sie den Leuten in den Dörfern erzählen sollen, damit sie ihnen erklären können, wie die Medikamente wirken!«

»Sehr gut, Daudi. Diesen Teil unserer Arbeit werde ich am besten dir überlassen, und ich will mich daranmachen, einige Masern-Lektionen für die Mitarbeiter vorzubereiten, die sie so leicht nicht wieder vergessen sollen. Sag ihnen, dass sie sich um zwei Uhr alle in Reichweite der Trommel aufhalten sollen.« Daudi nickte.

»Nach dieser Unterrichtsstunde werden wir beide uns wohl noch mit einigen Krankenpflegern daranmachen müssen, kanisterweise Medizin zu brauen und unsere ganze Ausrüstung vorzubereiten, sodass wir morgen früh in die Dörfer gehen können.«

»Buana«, meinte Daudi, »es wäre besser, wir machten uns schon heute Nacht auf den Weg!«

»Wieso denn nachts, Daudi? Warum können wir denn nicht bei Tag in die Dörfer gehen?«

»Das hat keinen Zweck, Buana. Geh bei Tag, und du wirst die Leute auf ihren Feldern finden, wo sie die Vögel von der Ernte verscheuchen. In den Häusern werden nur wenige Frauen anzutreffen sein, und die werden dich nicht an die kranken Kinder heranlassen. Sie werden sie in die Häuser schicken und dir sagen, dass alles in Ordnung ist. Geh aber nachts …«

»Aber Daudi, ich will nicht nachts gehen! Ich habe keine Lust, durch diesen Dschungel zu marschieren mit der Sturmlaterne in der einen und dem Stock in der anderen Hand. Ich kann diese Hyänen nicht ausstehen, und außerdem bin ich müde.«

»Buana«, sagte Daudi, »du musst gehen! Du hast keine Ahnung, was die Masern alles anrichten, aber du wirst es heute Nacht sehen. Auch werden die Kinder mit Lungenentzündung sich nachts weniger dagegen sträuben, ins Krankenhaus zu gehen, weil sie glauben, dass sie im Dunkeln nicht so leicht behext werden können.«

»Also gut, gehen wir heute Nacht, aber wir wollen Mika, den Lehrer, mitnehmen, er ist ein weiser Mann. Und jetzt vergiss nicht: Jedermann in den Unterrichtsraum, sobald die große Trommel ertönt!«

»Mihanja (›Guten Tag‹), Buana«, grüßte mich ein kleiner Junge, der im Schatten einer bienenkorbartigen Hütte ruhte, die uns als Trommelhaus diente.

»Missa«, antwortete ich, »weißt du, wie man die Trommel schlägt?«

»Jah«, sagte er, »und ob ich das weiß! Seit vielen Tagen habe ich gehofft, einmal diese dicke Trommel schlagen zu dürfen, Buana.«

»Nun, jetzt ist der große Augenblick gekommen«, sagte ich. »Schlag sie!« Ich folgte ihm in den kleinen Bienenkorb, der für uns Glockenturm und Funkstation in einem war.

»Schlag sie so«, wies ich ihn an, »dass die Krankenhausleute zusammenkommen.« Er nickte, und dann hämmerten seine kleinen bloßen Hände auf der Trommel herum, die viel größer war als er selbst, und brachten einen tief klingenden Rhythmus hervor. Ich wusste aus Erfahrung, dass diese Trommel in einem Umkreis von fünf Kilometern gehört werden konnte. Die Sonne strahlte eine glühende Hitze aus, und jeder hatte es sich während der Mittagspause bequem gemacht. Daudi hatte sich auf den Betonboden der Veranda gelegt. Er setzte sich auf. Samson tauchte gähnend aus dem Inneren der Apotheke auf, während Kefa aus dem Schatten des großen Baobabbaums hervortrat. Wir begaben uns gemeinsam in den Unterrichtsraum, und bald war das Dutzend Leute, die ich zusammengetrommelt hatte, versammelt. Die Trommel jedoch dröhnte unermüdlich weiter. Ich blickte zu Daudi hinüber – er nickte und verschwand für einen Augenblick nach draußen. Nach einer Minute verstummte die Trommel, und Daudi kam atemlos zurück.

»Jah, wenn ich ihm nicht gesagt hätte, er solle aufhören, würde er wohl noch eine Stunde lang weitergetrommelt haben!«

Alles grinste über das ganze Gesicht.

Die Männer saßen auf einer langen Bank, hinter ihnen die afrikanischen Schwestern. Hilda, Daudis Frau, trug ihr Baby auf dem Rücken. Die jüngeren Schwestern hatten kürzlich stricken gelernt und stellten nun mit ihren selbst gefertigten Nadeln alle möglichen Kleidungsstücke her. Eine unter ihnen, geschickter als die anderen, versuchte gerade vorsichtig eine gefallene Masche wieder aufzunehmen. Ich begann meine Ausführungen. Vor mir lag ein afrikanischer Kürbis, der Schnupftabak und einen großen, trockenen Zwieback enthielt.

»Kefa«, sagte ich, »iss bitte diesen Zwieback!«

»Jah«, fragte er zögernd, »ist etwas damit nicht in Ordnung, Buana?«

»Nein, es ist ein richtiger, guter Zwieback, ich habe dich dazu ausgesucht, weil du so gut niesen kannst.«

Ein Kichern ging durch den Raum. Der geringste Geruch von Schnupftabak genügte nämlich, um bei Kefa eine Serie leidenschaftlicher Niessalven hervorzulocken. Bereitwillig stopfte er sich den Zwieback in den Mund und kaute mit vollen Wangen.

»Schmeckt es dir?«, fragte ich.

Er murmelte etwas, das unmöglich zu verstehen war, da er den Mund zu voll hatte. Ich öffnete den Deckel der Schnupftabakdose, schüttete mir etwas auf meinen Fingernagel und pustete es Kefa ins Gesicht. Sein Gesicht nahm einen gequälten Ausdruck an, die Wangen blähten sich auf, seine Augen flackerten einen Moment, sein Kopf neigte sich ein-, zweimal zurück, er presste heftig die Lippen zusammen, aber es half alles nichts. Unwillkürlich hatten die anderen sich geduckt, als sich eine vulkanartige Explosion über ihren Häuptern entlud. Der ganze Raum war mit kleinen, trockenen Zwiebackteilchen übersät.

»Buana«, sagte Kefa, »es tut mir leid, ich ...«

Und wieder entlud sich eine neue Ladung.

»Ich kann nichts dafür ...« – ein neuer Ausbruch. »Das ist deine Schuld, es ist der ...«, wieder unterbrach eine Explosion den Satz.

»Danke schön, Kefa«, antwortete ich, »du hast alles getan, was ich wollte.«

Damit wandte ich mich wieder meinen Mitarbeitern zu: »Ihr habt die Vorführung alle mitbekommen?«

»Jah«, antwortete Daudi, »warum hast du das getan, Buana? Es ist eine abscheuliche Sache, den ganzen Raum vollzuniesen!«

Daudi war ganz empört. Samson reinigte seine saubere, weiße Schürze mit einem Taschentuch und würdigte mich keines Blickes.

»Ich wollte euch die Gefahr des Niesens deutlich machen«, erwiderte ich. »Ihr seid mit Recht darüber empört, wenn ihr so mit Speiseresten vollgespuckt werdet.«

»Jah«, sagte Daudi.

»Nun stellt euch mal vor: Jedes Mal, wenn jemand niest, werden im Umkreis von fünf Metern Tausende und Abertausende von Bazillen ausgestreut!«

»Kah«, sagte Kefa, »das wusste ich nicht.«

»Nun«, erwiderte ich, »aber in Zukunft wirst du es nie mehr vergessen. Und Husten ist ebenso gefährlich, wenn man nicht den Mund bedeckt.«

»Heh«, sagte Kefa, »wenn ich meinen Mund zugehalten hätte, so wären die Krümel aus meinen Ohren gekommen!«

»Jah«, lachte Samson, »er sah zu komisch aus, Buana, mit seinem Mund voll Zwieback, mit seinen Augen, die beinahe aus dem Kopf fielen, und dem Niesen, das er nicht unterdrücken konnte!«

Die gute Laune war wiederhergestellt und alle lachten.

»Hört, Freunde«, sagte ich, »es ging mir nicht darum, euch zu unterhalten oder meinen Spaß mit Kefa zu treiben, sondern ich wollte euch zeigen, warum die Masern sich so schnell ausbreiten. Nun entstehen die Masern aber nicht durch Bazillen, sie werden durch ein Virus hervorgerufen, das noch viel kleiner ist, sodass nicht einmal ein Mikroskop es sichtbar machen kann. Erkrankt ein Kind, so sitzt das Virus in seinem Hals. Die Nase beginnt zu laufen, es niest und hustet, und schon sind andere Kinder angesteckt. Darum müssen wir den Leuten klarmachen, dass sie die kranken Kinder in einem besonderen Raum des Hauses unterbringen müssen, damit die Masern sich nicht in der ganzen Familie ausbreiten wie ein Feuer im dürren Kornfeld.«

Ich begab mich zu einer Kiste in der Ecke und förderte eine Flasche gelber Medizin und eine kleine Flasche Augentropfen zutage; dazu noch eine Essigflasche mit einem Etikett, auf dem ein Totenkopf und die Aufschrift »Gift« in drei Sprachen zu sehen war.

»Das sind unsere Hauptwaffen in der Masernschlacht. Die gelbe Medizin ist gegen den Husten, um die Kranken zu beruhigen und das Fieber zu senken. Die Augentropfen sind natürlich den Kindern in die Augen zu träufeln, sie werden die Entzündung zurückdrängen und vielen das Augenlicht erhalten. Und die Medizin in der langen Flasche ist etwas ganz Besonderes. Damit werden wir gleich zwei Fliegen mit einer Klappe schlagen: Das Mittel ist zum Einreiben der Brust bestimmt, aber zugleich enthält es Menthol, das die Haut kühlt und dessen Geruch den Weg in die Nasen der Kinder findet und auch dort hilft.«

Sie nickten. »Jah, Buana, wir verstehen.«

»Wir werden vier Gruppen bilden, je drei Mann. Daudi wird eine anführen, und dafür bekommt er ein Thermometer.«

Ich wandte mich zu meinem neuen Gruppenkommandanten und sagte auf Englisch: »Und wenn du mir dieses Thermometer zerbrichst, junger Mann, dann sitzen wir in der Tinte. Wir haben im ganzen Krankenhaus nur noch sieben Stück!«

»Jah, Buana«, sagte Daudi, »ich will so vorsichtig sein wie nur möglich!«

In der Landessprache fuhr ich fort: »Der Gruppenleiter wird über alle eure Arbeit Buch führen und auch die Pulsschläge und die Anzahl der Atemzüge aufschreiben.«

Eines der jüngeren Mädchen rollte mit den Augen: »Jah«, fragte sie, »was ist denn das?«

»Greif an dein Handgelenk«, befahl ich, »auf der Daumenseite und drück nicht zu fest – was fühlst du da?«

»Ha«, sagte sie, »da ist etwas, das geht rauf und runter!«

»Nun«, sagte ich, »und das ist dein Puls.«

Ich wandte mich an ein anderes Mädchen: »Bei der Messung muss man die Zahl der Atemzüge in einer Minute zählen. Wie oft atmest du?«

»60-mal, Buana«, antwortete sie prompt, »jah.«

»Jah«, sagte Daudi, »so oft japst ein Hund, der weit gelaufen ist, ohne einen Tropfen Wasser zu bekommen!«

»Nun zählt einmal eure Atemzüge«, befahl ich und blickte auf meine Uhr.

Alles nickte zustimmend mit dem Kopf, und als ich »Halt!« rief, schwankten die Ergebnisse zwischen 40 und 20.

»Also, ihr Leiter«, ordnete ich an, »jeder, der mehr als 30-mal in der Minute atmet, bekommt ein rotes Kreuz in dem Buch. Von jedem einzelnen Masernkranken muss der Name eingetragen werden; dazu notiert euch das Datum, wie viel Medizin ihr ausgebt, ob ihr Augentropfen anwendet und ob ihr die Brust einreibt. Und dann vergesst nicht den Puls, die Temperatur und die Atmung!«

Daudi rollte mit seinen großen Kulleraugen. »Jah, Buana, das gibt aber Arbeit!«

»Arbeit, um Leben zu retten«, antwortete ich. »Ebenso wichtig wie der Gruppenleiter ist die Schwester, die die Arznei mischt. Sie wird die große Medizinflasche auf dem Kopf tragen. Das dritte Mitglied des Stoßtrupps ist der Augen- und Brustspezialist. Zuerst reinigt er die Augen und wendet die Tropfen an. Dann reibt er die Brust ein und …«, ich wandte mich fragend an meine Mitarbeiter.

Wie aus einem Mund kam es: »Wäscht sich seine Hände, Buana!«

Ich nickte.

»Und, Daudi, alle Gruppenleiter müssen darauf achten, dass die kranken Kinder von den anderen getrennt werden und in einem sauberen Teil des Hauses gehalten werden. Auch sollten sie reichlich Wasser bekommen, und dass ja keiner der Angehörigen die Trommel schlägt, schreit oder was weiß ich sonst unternimmt, um sie wach zu halten.«

Daudi nickte.

»Buana, wir werden nicht nur das tun, wir werden ihnen auch die Worte der Gesundheit sagen, und sie sollen sehen, wie wir Leben und Augen retten und Freude in betrübte Herzen bringen können.«

Das Land wird ausgekundschaftet

»So, nun sind wir so weit, Daudi. Da sind sechs Fieberthermometer und sechs Schreibhefte, alle fein in Spalten eingeteilt, dazu genug Hustenmedizin für Hunderte von Kindern und Augentropfen mit den Tropfröhrchen, die wohl für eine Million Augen ausreichen. Sei mit den Pulszählern besonders vorsichtig!« Unsere Pulszähler waren Miniaturausgaben der altmodischen Sanduhren. Sie waren so eingerichtet, dass der Sand genau in einer halben Minute von der oberen in die untere Hälfte hinabrieselte. Damit konnten unsere Masernkampftruppen Atmung und Puls messen, ohne eine besondere Uhr oder – was ihnen noch mehr Spaß zu machen pflegte – einen Wecker zu benutzen. Der Hauptvorteil bei unseren Sanduhren bestand allerdings darin, dass man ihr »Uhrwerk« nicht so leicht mit Stecknadeln bearbeiten konnte.

»Daudi«, fragte ich, »hast du nun unseren Schlachtplan verstanden? Ich will insgesamt sechs Gruppen aussenden und du sollst eine davon anführen. Du sollst also Folgendes tun: Kommst du in ein Dorf, in dem der Häuptling eure Hilfe annimmt, so schreibe die Namen aller Masernkranken in dein Heft. Du bist für die genaue Buchführung verantwortlich. Dein erster Assistent misst das Fieber und die Atemzüge, und der zweite teilt nach deiner Angabe die Medizin aus und tut alles, was du anordnest. Du musst auch darauf achten, dass die Kranken danach richtig behandelt werden. Wahrscheinlich müssen wir unseren Arbeitsplan später etwas mehr auf die jeweilige Situation einstellen, aber zunächst wollen wir so vorgehen.«

Mit einem Mal wurde es ganz dunkel um uns herum. Ich trat zum Fenster und blickte durch das Moskito-Schutzgitter. Der Wind jagte eine große schwarze Wolkenwand vor sich her. Plötzlich schien sie durch einen Blitz zu bersten, fast unmittelbar darauf entlud sich eine gewaltige Donnerladung und schon prasselte der Regen aus allen Himmelsfenstern herunter.

Es war unmöglich, auch nur fünfzig Meter weit zu blicken. Ein dichter Regenschleier verwehrte jede Sicht. Eifrigst wurden in den Krankenhaussälen die Betten verrückt, denn hier und da fing es an, durch das Dach zu tropfen. Andere rannten mit Töpfen, Schüsseln und was auch immer Wasser zu halten vermochte hinaus, um das köstliche Nass von den Gießbächen aufzufangen, die vom Dach herabstürzten. Das war eine willkommene Gelegenheit, um sich einen kilometerweiten Gang zum Brunnen zu ersparen.

So plötzlich, wie der Regen gekommen war, hörte er auch wieder auf.

»Jah«, stöhnte Daudi, »wenn wir heute Abend losziehen, können wir fünf Kilometer durch den Matsch marschieren, und auf dem Rückweg noch mal fünf Kilometer. Kah!«

Der Ekel, der sich in dem letzten, typisch afrikanischen Ausruf ausdrückte, ließ an Deutlichkeit nichts zu wünschen übrig. Dennoch machten wir uns am Abend auf den Weg. Daudi ging voran. Ich folgte ihm auf dem Fuß, und hinter mir machte unser kluger, alter Lehrer Mika den Abschluss. Während wir vorsichtig ein schlüpfriges Flussbett hinunterstiegen, erzählte der Alte:

»Damals, als die Krankenstation noch nicht hier war, sind in diesem Dorf in einem Monat mehr als die Hälfte der Kinder an Masern gestorben. Und wir konnten nichts dagegen tun!«

»Jah«, sagte Daudi, »ich war damals noch ein Kind, aber ich kann mich noch gut erinnern. Mein ältester Bruder und meine Schwester sind gestorben, aber ich wurde wieder gesund.«

»Jawohl, du wurdest wieder gesund«, fügte Mika hinzu, »aber nur, weil deine Mutter an Gott glaubte. Sie lehnte die Behandlung durch den Medizinmann ab, und nun lebst du!«

»Heh«, sagte Daudi, »ich war damals kaum drei Jahre alt, aber ich erinnere mich noch ganz genau an das Trommeln und den Lärm, den sie im ganzen Dorf mit den Blechbüchsen machten. Die einen schrien, um ihre Kinder wach zu halten, die anderen, weil ihre Kinder nie mehr aufwachen würden. Das Trommeln und der Lärm klingen mir immer noch in den Ohren! Da!«, er hob lauschend den Finger, »hörst du?«

Tatsächlich drang von weit her über die Ebene ein schwaches, anhaltendes Geräusch an unsere Ohren, das mir weiter nichts sagte, aber in Daudi weckte es unselige Erinnerungen, die er nicht mehr loswerden konnte.

»Jah«, sagte er, »ich werde meinen Bruder in dieser Epidemie rächen, hundertmal werde ich ihn rächen!«

»Wie meinst du das, Daudi?«

»Ich werde laufen, bis meine Füße mich nicht mehr weitertragen; ich werde reden, bis mir meine Zunge schwillt, und Gott wird uns helfen, das Leben vieler, vieler Menschen zu retten!«

Hinter uns ließ sich die Stimme des alten Lehrers vernehmen: »Daudi, sei vorsichtig! Du bist noch jung und hast schon viel gelernt, aber vergiss nicht, dass die Leute mehr auf das hören, was ihre Zauberer sagen, als auf das, was unser Buana sagt.«

»Kumbe«, sagte Daudi, »wir müssen unsere gesamte Klugheit zusammennehmen.«

»Das ist schon richtig«, antwortete der Alte, »aber es heißt in Gottes Wort: ›Wem Weisheit mangelt, der bitte von Gott.‹«

»Das ist es«, stimmte ich zu. »Wir brauchen Gottes Hilfe, damit wir in der richtigen Weise vorgehen und den Leuten freundlich gegenübertreten und nicht ärgerlich werden, wenn sie unsere Hilfe ablehnen.«

Wir hielten einen Augenblick auf unserem Marsch durch die warme tropische Nacht an und baten den allmächtigen Gott in kurzen, einfachen Worten, er möge es nicht zulassen, dass wir irgendeinen Fehler machten, der unseren Gegenangriff gegen diese Kindergeißel unwirksam machen oder ihm schaden würde. Schweigend und jeder in seine eigenen Gedanken vertieft, marschierten wir etwa zehn Minuten weiter. Daudi, mit der Sturmlaterne immer voran, bahnte den Weg sorgfältig durch das Dickicht. Bis an die Knöchel wateten wir im Morast, und ich fühlte, wie der glitschige Schlamm seinen Weg durch die Ösen meiner Schnürstiefel fand, und – quitsch-quatsch – umspülte er meine Zehen. Plötzlich verschwand das Licht vor uns – ein Klirren – und dann schnappte jemand nach Luft. Sofort hielt ich an. Meine Taschenlampe blitzte auf und beleuchtete eine komische Szene: Vor mir im Schlamm saß Daudi, umgeben von den Trümmern seiner Sturmlaterne. Im schwachen Licht meiner Taschenlampe erkannte ich, dass der Wolkenbruch quer über den Weg einen etwa ein Meter tiefen und drei Meter breiten Graben ausgespült hatte. Daudi war einfach ins Leere getreten. Da saß er nun und guckte mich ganz verdutzt an, mit der einen Hand immer noch krampfhaft den Griff der Sturmlaterne umklammernd.

»Jah«, ertönte eine Stimme hinter mir. »Jagua!« (»Er ist hingefallen!«)

Bei diesen Worten brach Daudi in ein herzhaftes Lachen aus:

»Ich war gerade in tiefe Gedanken versunken und blickte hinauf zu den Sternen und – kah – da haben wir die Bescherung!« Mit vereinten Kräften halfen wir ihm wieder auf die Beine. Er war über und über mit schmutzigem Schlamm bedeckt, der bald das lieblichste Aroma um ihn herum verbreitete, sodass wir uns alle die Nasen zuhielten.

»Ach, Buana«, klagte Daudi, während wir auf einem Umweg weitermarschierten, »damals warst du sehr böse, als Kefa die Laterne kaputt machte, hoffentlich bist du nun mir nicht auch böse!«

»Es sei dir vergeben, Daudi«, tröstete ich ihn, »aber für unsere Station ist es ein Verlust von fünf Schillingen. Nun setzen wir das auf das Konto für ›unvorhergesehene Ausgaben‹.«

Mit etwas größerer Sorgfalt setzten wir unseren Weg etwa einen Kilometer fort. Dann flackerte vor uns ein Lagerfeuer auf, gegen das sich dunkle Gestalten abhoben. An der Wand einer Lehmhütte im Hintergrund wuchsen sie zu gigantischen Schatten an. Es lief mir eiskalt den Rücken herunter. Das leise Geräusch, das wir in der Ferne vernommen hatten, war inzwischen zu einem unerträglichen Lärm angeschwollen. Konservenmusik mit Trommelbegleitung, und das aus keinem anderen Grund, als einfach Lärm zu machen. Als wir in den Lichtschein traten, sprangen die Männer auf ihre Füße. Mika war unser Sprecher: »Sossveru venju – einen guten Abend wünschen wir euch«, sagte er.

»Ale sossveru njenje – einen guten Abend auch euch«, antworteten sie.

»Der Buana ist gekommen, um den Kindern zu helfen, die krank sind. Er hat Medizin mitgebracht!«

Da schoss plötzlich mit einem schrillen, hysterischen Schrei eine Frau an uns vorbei. Alles zuckte zusammen und schaute ihr nach, wie sie blind in die Nacht lief.

»Was ist passiert?«, fragte ich Daudi im Flüsterton.

Er wandte sich an einen der Männer, wechselte ein paar Worte mit ihm und sagte dann:

»Sie hat innerhalb von drei Tagen drei ihrer Kinder verloren!«

Inzwischen hatte sich der Häuptling erhoben: »Wenn der Buana unseren Kindern helfen kann, wollen wir seine Hilfe annehmen.«

Das klang zwar nicht gerade sehr freundlich, aber ich wusste, dass wir damit die erste Barriere auf unserem Weg überwunden hatten.

Mit brennender Taschenlampe schritt ich durch das Dorf. Jede der ärmlichen Lehmhütten mit ihren flachen Dächern und dem Innenhof für das Vieh konnte ihre eigene Tragödie erzählen. Vor einer der Hütten saß stöhnend eine alte Frau. Ich beugte mich zu ihr nieder: »Was fehlt dir, Großmütterchen?«, fragte ich.

»Jah«, klagte sie, »alle meine Enkel sind tot, alle, alle ...« Irgendwo im Hintergrund bewegten sich unruhige Schatten.

»Was machen sie dort, Daudi?«, flüsterte ich.

»Sie begraben ihre Kinder nicht, sie tragen sie einfach in den Wald hinaus und lassen sie dort liegen.«

Meine nächste Frage wurde durch das widerliche Gelächter einer Hyäne beantwortet, noch ehe ich sie ausgesprochen hatte. Dann boten sich meinen Blicken die ersten Masernkranken dar, die nach der einheimischen Weise behandelt worden waren. In einer verqualmten engen Hütte lagen sechs kleine Gestalten auf einer Grasmatte zusammengekauert; die Augen waren dick vereitert, die Nasen strömten nur so und das Röcheln eines der kleinen Wesen verriet, dass seine Krankheit bereits in das Stadium einer Lungenentzündung eingetreten war. Daneben lagen drei weitere Kinder, einschließlich eines Säuglings, der noch nicht angesteckt zu sein schien. »Los, Daudi, lass uns an die Arbeit gehen!«

Wir taten, was wir konnten. Wir verabreichten ihnen Hustenmedizin mit einem Schlafmittel, so stark, dass sie selbst bei dem anhaltenden Spektakel einschlafen konnten.

»Komm, Buana«, flüsterte Daudi, »wir gehen einen Augenblick heraus und tun so, als ob wir uns entfernen wollten. Dann können wir sie beobachten!«

Nach fünf Minuten kehrten wir zurück und spähten durch einen Spalt der Lehmwand. Zwei der Kinder waren bereits in einen tiefen Schlaf der Erschöpfung gefallen. Doch was war das? Gerade schüttelte eine alte Frau eines der Kinder, bis es erschreckt auffuhr. Als sie das andere nicht wach bekam, schüttete sie ihm einen Kübel kaltes Wasser über den Kopf und zerrte es dann hinaus in die frische Nachtluft. Da konnte sich Daudi nicht mehr halten. Mit einem Satz war er in der Hütte und überschüttete die Alte mit einem so mächtigen Redeschwall, dass sie schleunigst Reißaus nahm. Bald hatten wir die Kinder wieder versorgt, und sie fielen erneut in tiefen Schlaf. Nun erschien Mika mit dem Häuptling. Wir gaben unsere Anweisungen und versprachen, am nächsten Tag eine Hilfstruppe für die weitere Behandlung der Kinder zu senden. Wir drängten darauf, die Kinder in dieser Nacht richtig schlafen zu lassen, und der Häuptling versicherte uns, dass unsere Anweisung befolgt werden würde.

Als Ergebnis meiner verschiedenen Hausbesuche mussten am nächsten Morgen sieben der kleinen Patienten im Anfangsstadium einer Lungenentzündung zur Krankenstation abtransportiert werden.

Beim Abschied sagte der Häuptling: »Buana, wir freuen uns sehr über deine Hilfe, aber in Tschibaja, dem nächsten Dorf, wollen sie nichts von dir und deiner Medizin wissen!«

Dann begleitete er uns noch für ein paar Hundert Meter auf unserem Rückweg, wünschte uns eine gute Reise und kehrte in sein Dorf zurück.

Eine Niederlage

Unmittelbar vor uns bog ein Pfad nach rechts ab.

»Wohin führt dieser Weg?«, fragte ich.

»Dort geht es nach Tschibaja. Man kann diesen Weg nur zu Fuß gehen, denn es geht über tiefe Gräben.«

»Also los!«, sagte ich. »Nun sind wir einmal dabei, das Land auszukundschaften, da wollen wir uns auch gleich in die Höhle des Löwen wagen und sehen, was da in Tschibaja eigentlich los ist.«

»Ich würde an deiner Stelle nicht gehen«, sagte Mika. »Die Leute in Tschibaja sind sehr böse. Sie haben geschworen, sie wollten mit deiner Medizin nichts zu tun haben.«

»Das ist gerade ein Grund mehr, hinzugehen«, antwortete ich. Aber der Alte schüttelte missbilligend den Kopf und meinte: »Das wird nicht gut ausgehen!«

Im Schein unserer letzten Sturmlaterne näherten wir uns dem feindlich gesinnten Dorf. Da raschelte etwas neben uns im Gebüsch. Im Lichtkegel meiner Taschenlampe sah ich eben noch, wie sich eine große Hyäne davonmachte. Die Batterie war fast aufgebraucht, und als ich die Lampe einige Male hin und her schwenkte, versagte sie ganz.

»Jah«, sagte der alte Afrikaner, »lass uns umkehren, solange wir noch Licht haben. Die Nacht ist schon weit vorgerückt, und wir haben nur diese eine Laterne.«

Aber da wir nun schon so weit gegangen waren, hatte ich keine Lust, umzukehren. Vor uns leuchteten bereits die Feuer von Tschibaja auf, und immer deutlicher vernahmen wir das Dröhnen der Trommeln.

»Jah«, sagte Daudi, »das ist kein guter Tanz, Buana!«

Der Nachtwind trug den Geruch von afrikanischem Bier zu uns herüber. Von einem Ende des Dorfs ertönte das schrille Geschrei einer Frau, das aber bald im Lärm der Trommeln unterging.

»Buana«, wiederholte Daudi, »das ist ein böser Ort.«

Unterdessen waren wir in den Schein der Lagerfeuer getreten, und ich begrüßte die Männer, die für den bevorstehenden Tanz schauerlich aufgeputzt waren. In die Haare hatten sie sich Lehm geschmiert, und die Körper waren mit roter und blauer Farbe verziert. Der Häuptling trug über der Kansu, einem langen, wallenden Gewand, die berühmte bunte Weste, der er seinen Namen zu verdanken hatte. Er war bereits ganz nett angetrunken und schien gerade zu einem Streit aufgelegt zu sein. Mehrere seiner Krieger hatten ihre Speere und Stöcke ergriffen und umringten uns nun.

»Häuptling«, redete ich ihn an, »ich bin gekommen, um dir meine Hilfe anzubieten für die Kinder des Dorfs, die an Serenjenji erkrankt sind.«

»Es gibt keine Kranken in meinem Dorf«, sagte Tschikoti mit schnarrender Stimme, »und außerdem legen wir keinen Wert auf deine Medizin!«

»Was hast du davon, wenn die Jugend deines Dorfs dahinstirbt?«, fuhr ich unberirrt fort.

»Kah«, erwiderte der Häuptling, »wir wollen keine Medizin des weißen Mannes. Haben wir nicht unsere eigenen Medizinmänner?«

»Na, und was sagen eure Frauen dazu? Macht es ihnen etwa Spaß, ihre Kinder dahinsterben zu sehen? Sollten sie umsonst gelitten haben?«

»Kah«, fuhr es Tschikoti heraus, »regieren etwa die Weiber in meinem Dorf?«

Die Lage wurde entschieden ungemütlich, und Daudi flüsterte mir auf Englisch zu: »Ich glaube, es ist besser, wir ziehen uns zurück; wo es viel Bier gibt, da gibt es wenig Weisheit. Wir müssen einen anderen Weg finden, diese Schauri (Diskussion) führt nur zu Streit, Buana!«

Ich nickte zustimmend und wandte mich mit einem letzten Versuch an Tschikoti: »Wir haben eine starke Medizin gegen den Husten, auch können wir die Zähne der Schmerzen ziehen.«

»Huh«, höhnte einer der jungen Männer, die um das Feuer hockten, »wir haben dein Gebräu nicht nötig.«

Die Bemerkung rief ein schallendes Gelächter hervor. Während ich nun zu der anderen Seite des Feuers hinüberging, sah ich, wie an den Wänden der Lehmhütten unheimliche Schatten auf und nieder flackerten – die Stimmung hatte irgendwie etwas Teuflisches an sich. Ich stand gerade im Begriff, meine Laterne aufzunehmen, als auch schon ein betrunkener Tänzer darüber stolperte und sie zerbrach. – Pech gehabt!

Wieder erscholl das teuflische Gelächter. »Buana«, drängte der alte Lehrer erneut, »es ist besser, uns im Finstern unseren Weg zu suchen, als noch länger an diesem bösen Ort zu bleiben! Siehst du nicht, wie sie nur einen Anlass zum Streit suchen?«

Man hatte gerade einen großen Tontopf voll Bier gebracht, der nun unter viel Aufruhr bei den Tänzern die Runde machte. Der Rhythmus des Trommelschlags unterstrich die hässliche und schmutzige Atmosphäre. Erleichtert atmeten wir auf, als wir wieder in die dunkle Nacht hineintraten. Wir orientierten uns am Sternbild des südlichen Kreuzes, das ziemlich tief am Horizont stand. Dunkle Wolken jagten am Himmel, und die Sterne schienen plötzlich zu erlöschen. Unheimliches Dunkel umgab uns. Von Zeit zu Zeit zuckte ein greller Blitz auf und ließ nur für eine Sekunde die Gefahren des Weges erkennen. Wir schienen ringsum von allen dämonischen Mächten der Finsternis bedrängt zu werden. Hinter uns hörten wir noch immer das Gelächter und Gejohle der betrunkenen Leute von Tschibaja.

»Joh«, sagte Mika, »hörst du, wie sie sich über uns und unsere Botschaft lustig machen? Verhöhnen sie nicht Gott? Sind sie nicht wirklich Kinder des Teufels?«

Nach etwa fünf Minuten wurde der Weg schlechter und schlechter. Schließlich sagte Daudi: »Wir haben uns verlaufen, und ich glaube, wir geraten hier von einem Graben in den anderen, vor uns ist überall Dickicht und der Sumpf von Tschipoko.«

Ich hatte noch zehn Streichhölzer in meiner Schachtel, die ich eins nach dem anderen anzündete, aber der Wind blies sie bald wieder aus. Vor uns heulte eine Hyäne. Der erwartungsvolle Unterton ihrer Stimme gefiel mir ganz und gar nicht. Da – ein betäubender Donnerschlag und darauf lähmende Stille. Plötzlich wurde das Schweigen durch eine schwache Stimme unterbrochen, die rief: »Buana – Buana.«

»Wer ist da?«, fragte ich, »wer ruft?«

»Buana, ich bin es, Mubofu.«

»Wo bist du denn?«

Daudi streckte seine Hand aus und sagte: »Buana, nimm meine Hand, wir wollen auf seine Stimme zugehen!«

Bald hatten wir den blinden Jungen erreicht, der mitten auf einem Pfad stand.

»Buana«, sagte er, »ich habe alles mitbekommen, was passiert ist, und dann habe ich mich im Dunkel davongeschlichen. Schau, Buana, wenn man wie ich im Land der Finsternis lebt, dann sind Tag und Nacht gleich, und den Weg zum Krankenhaus kenne ich auswendig, ob die Sonne scheint oder nicht. Heute kann ich dich einmal führen.«

Ich ergriff seine schwarze Hand, Daudi legte seine Hand auf meine Schulter und Mika seine auf Daudis. So legten wir die restlichen sieben Kilometer unseres Weges zum Krankenhaus zurück.

Narben

Auf dem letzten Stück unseres Rückwegs von Tschibaja überraschte uns ein heftiger Regenschauer. Wir mussten durch Wildbäche waten, die ihre schmutzig roten Fluten von den Hügeln herabwälzten. Ich stolperte und nahm ein unfreiwilliges Schlammbad, aus dem ich nicht nur völlig durchnässt, sondern auch von oben bis unten beschmutzt hervorging. Noch während ich am Ufer nach Luft schnappte, rief Daudi erfreut: »Licht, Buana!«

»Das muss unsere Station sein«, sagte Mika. »Woher sollte sonst zu dieser Zeit ein Licht kommen?«

Ich fühlte, wie sich Mubofu neben mir straffte: »Wenn du jetzt wieder sehen kannst, Buana, dann brauche ich dich nicht mehr weiterzuführen.«

»Nur langsam, alter Junge, so schnell können wir auf deine Hilfe noch nicht verzichten, das Licht flimmert kaum stärker als ein kleiner Stern.«

Wir setzten unseren Weg fort, Mubofu immer noch mit festen, sicheren Schritten voran. Von Zeit zu Zeit warnte er uns vor einer Wegbiegung, einem Stein oder einer Wurzel. Dann wurde das Licht allmählich größer und ich konnte feststellen, dass es nicht vom Krankenhaus, sondern von meiner eigenen Wohnung kam. Die Küchentür stand offen, und auf dem Herd summte lustig der Teekessel. Mubofu zitterte wie ein Schneider, und von seinem zerfetzten Lendenschurz floss das Wasser herab. Er näherte sich dem Feuer so weit wie möglich. Schnell war für alle eine Tasse Tee bereit. Daudi nahm vier Löffel Zucker. Ich tat eine ähnliche Menge in Mubofus Tasse, und bald waren wir alle wieder mobil.

Ich wandte mich an Mubofu: »So, mein Lieber, du wirst heute Nacht bei mir im Krankenhaus schlafen. Du bekommst eine Decke und eine Matte, und dann kannst du dich in das Zimmer legen, in dem Daudi die Medizin zubereitet.«

Aber Mubofu schüttelte energisch den Kopf: »N'go, n'go, Buana, ich muss sofort wieder in mein Dorf zurück. Da wartet eine Menge Arbeit auf mich. Ich muss alle Kranken hierher in das Krankenhaus bringen. Das kann ich aber nur nachts tun!«

»Aber du bist ja ganz durchgefroren, und draußen ist ein so scheußliches Wetter, dass man keinen Hund hinausschicken würde. Bleib du heute mal bei uns und ruh dich richtig aus, dann …«

Unser Freund unterbrach mich: »Ich muss, Buana! Wer ist außer mir in Tschibaja, der nach Gott fragt? Hast du es heute Abend nicht selbst gesehen? Werden sie jetzt nicht längst alle betrunken sein? Und während ihr Verstand schläft, gelingt es mir vielleicht, einige in der Stille der Nacht hierherzubringen. Sind sie erst einmal hier im Krankenhaus, so kannst du ihnen sicher helfen.«

»Vielleicht«, sagte ich, »aber haben wir nicht mit Tschikoti gesprochen, und ist er nicht ein böser Mann? Wird er nicht sehr zornig werden, wenn er dein heimliches Tun entdeckt, und vielleicht wird er dann hierherkommen und Krach schlagen?«

Daudi schüttelte den Kopf: »Nein, Buana, Krach schlagen wird er nicht, aber du kannst dich darauf verlassen, dass er sonst etwas Schlimmes anstellt!«

»Kah«, sagte ich, »das glaube ich auch. Ich fürchte, wir werden dadurch noch viele Schwierigkeiten bekommen.«

»Buana«, sagte der blinde Junge und legte seine Hand auf meine Schulter, »fürchtest du dich vor Schwierigkeiten, wenn es darum geht, vielen Menschen das Leben zu retten und ihnen dazu noch von Gott zu erzählen?«

»Nein, mein Freund, ich habe keine Angst vor Unannehmlichkeiten, soweit es mich betrifft, aber was soll aus dir werden?«

»Kah, Buana, soll ich Jesus meinen Dank etwa nur da abstatten, wo es nicht gefährlich ist? Mag diese Arbeit mir auch Leid bringen – hat mein Buana nicht auch Leid getragen, als sie ihn für mich ans Kreuz schlugen?«

Tiefe Stille herrschte in der Küche. Einige Motten schlugen mit ihren Flügeln gegen das Glas der Sturmlaterne. Hin und wieder klatschte ein schwerer Tropfen vom Baobabbaum neben dem Haus auf das Wellblechdach.

Mubofu ergriff als Erster wieder das Wort. »Buana«, sagte er, »als ich eben deinen Arm hielt, fühlte ich Narben.«

Mein Blick fiel auf die Narben, die von der

Pockenimpfung herrührten. »Ja«, erklärte ich ihm, »diese Narben sagen mir, dass ich mich nie mehr vor den Pocken zu fürchten brauche. Das ist eine Krankheit, die noch viel, viel schlimmer ist als die Masern.«

»Hongo, Buana«, fragte der Afrikanerjunge, »wie ist das möglich?«

»Nun«, sagte ich, »Hunderte und Tausende sind auf diese Weise geimpft worden. Sie haben den Beweis geliefert. Viele von ihnen haben in Gegenden gelebt, wo eine schlimme Pockenepidemie wütete, und sie sind nicht angesteckt worden.«

Mubofu schüttelte den Kopf: »Aber, kah, Buana, das ist ja ein richtiges Wunder! Bitte, erzähl mir, wie das möglich ist.«

Während wir um das Feuer herumsaßen, erzählte ich ihnen die Geschichte von Dr. Jenner und wie er das Mittel zur Pockenschutzimpfung entdeckt hatte. Der blinde Junge konnte nicht genug hören.

»Aber, Buana, wie ... wie geht das denn? Wie machen sie es denn?«

»Man nimmt ein Kalb«, erklärte ich ihm, »und impft ihm die sogenannten Kuhpocken ein. Von diesem Kalb nimmt man dann das, was sie die Lymphe nennen – macht einen kleinen Schnitt in deinen Arm und tropft in die Spalte ein klein wenig von der Lymphe. Sofort befällt dich diese Krankheit, aber nur auf ganz harmlose Weise, und dafür bist du auf alle Zeit gegen die Pocken geschützt.«

»Kumbe, Buana«, sagte Mubofu, »aber was geschieht dann mit dem Kalb?«

»Oh«, sagte ich, »dafür wird schon gesorgt, dass das Tier nicht unnötig leiden muss.«

»Aber, Buana, könnte das Kalb nicht an der Krankheit sterben?«

»Gewiss, das kann vorkommen, aber es ist sehr unwahrscheinlich.«

»Aber, Buana, wenn es sterben würde, wäre es dann nicht sehr froh darüber, dass es so viele Menschen von einer bösen Krankheit gerettet hat?«

Nun mischte sich Daudi ein und sagte: »Natürlich, Mubofu, und siehst du nun, dass das ganz genau das ist, was Jesus für uns getan hat? Nur versteht ein Kalb nicht, was mit ihm geschieht. Jesus aber wusste schon, bevor er auf die Erde kam, dass er uns von der schlimmsten Krankheit, von der Sünde, heilen würde und dass er dazu für uns sterben musste.«

Mubofu nickte: »Ja, ich verstehe. Aber muss ich nicht gerade darum, weil ich es verstehe, noch diese Nacht in mein Dorf zurück?«

Seine Finger tasteten sich langsam an meinem Arm hoch: »Buana, ich wollte, ich hätte an meinem Arm auch Narben wie du. Dann könnte ich auch unbesorgt sein und bräuchte mich nie mehr vor den Pocken zu fürchten.«

Ich schenkte ihm noch eine Tasse Tee ein und sagte: »Hör zu, Mubofu, ich will dir die Geschichte von einem Mann erzählen, der damals mit Jesus lebte. Als er hörte, Jesus sei vom Tod auferstanden, da sagte er, er wolle nicht eher daran glauben, dass sein Herr wieder lebe, als bis er seine Finger in die

Nägelmale und seine Hand in die Seitenwunde Jesu legen könne.«

»Kah, Buana«, sagte Mubofu, »Jesus ist doch gestorben und begraben worden! Oder ist er etwa nicht gestorben? Er lebt doch nicht?«

»Doch, Mubofu, das ist gerade das Allerwichtigste!«, entgegnete ich. »Das gibt unserem Glauben an Jesus erst seinen Wert! Glauben nicht viele Wahindi (Inder) an einen Propheten namens Mohammed? Er war ein Mensch, und er ist gestorben. Aber Jesus war der Sohn Gottes. Schon bevor er an das Kreuz geschlagen wurde, sagte er voraus, dass er nach drei Tagen von den Toten auferstehen werde, und so ist es auch eingetroffen. Haben ihn nicht Hunderte nach seiner Auferstehung gesehen?«

»Kah«, rief Mubofu aus, »dann ist ja ein richtiges Wunder geschehen. Das ist wunderbar, dann lebt er also?«

»Ja, ganz bestimmt!«, bestätigte ich. »Das wollte ich dir ja gerade erzählen: die Geschichte von dem ungläubigen Thomas, einem seiner Jünger, der den anderen nicht glauben wollte, dass sie ihn lebend gesehen hatten. Er sagte: ›Wenn ich mit meinen Fingern nicht die Narben an seinen Händen und an seiner Seite fühlen kann, kann ich das unmöglich glauben.‹

Eines Abends dann, als viele Jünger zusammen waren, unter ihnen auch der Zweifler, da stand Jesus auf einmal vor ihnen. Er grüßte sie und wandte sich dann direkt an Thomas und sagte: ›Hier, fühle meine Hände und meine Füße und die Narbe in meiner

Seite.‹ In einem Augenblick waren sämtliche Zweifel verschwunden, und Thomas rief aus: ›Mein Herr und mein Gott.‹«

Schweigend stand der Afrikanerjunge vor mir; langsam strich er mit der Hand über sein Gesicht und über die leeren Augenhöhlen. Daudi legte ihm die Hand auf die Schulter und sagte:

»Mubofu, sei nicht traurig über deine Narben, vielleicht werden gerade sie dazu beitragen, vielen Menschen zu helfen, die sehr krank sind und vielleicht gerade in diesem Augenblick noch stöhnen.«

Mubofu griff nach dem Stock, der neben ihm an der Wand lehnte, und sagte: »Also, Buana, ich gehe in mein Dorf zurück.«

»Gut«, sagte ich, »aber ehe du gehst, wollen wir noch mit unserem lebendigen Meister sprechen und ihm alles über unsere Arbeit und unsere Schwierigkeiten sagen.«

Kurz darauf blickte ich dem blinden Jungen nach, wie er zuversichtlich in das Dunkel hinausschritt. Schon nach wenigen Schritten war er in der Finsternis untergetaucht. Noch standen wir in der offenen Tür, als durch einen grellen Blitz die ganze Landschaft taghell erleuchtet wurde. Noch einmal sahen wir Mubofu, wie er festen Schrittes auf der Mitte des Pfades einem der unheimlichsten Dörfer auf der Hochebene von Zentral-Tanganjika entgegenging.

Hilfe für Tschibaja

Daudi und ich standen noch eine Zeit lang an der offenen Küchentür und schauten den Weg hinunter, auf dem Mubofu verschwunden war. Aber wir hofften vergeblich, ihn noch einmal zwischen den Hirsefeldern und Dornbüschen zu Gesicht zu bekommen. Die Dunkelheit hatte ihn verschluckt.

»Buana, wie gut ist es, dass diese Nacht nass ist«, sagte Daudi. »In einer solchen Nacht sind nicht so viele Tiere unterwegs, vor allem aber gibt es jetzt wenig Schlangen. Kumbe! Welch eine dauernde Gefahr für ihn, denn er kann sie ja nicht sehen! Und wie oft begeben sie sich nachts gerade mitten auf den Weg, weil es dort am wärmsten ist.«

Versonnen lauschte ich auf das Plätschern des Regenwassers, das in unseren großen Wassertank rann.

»Daudi«, fragte ich, »gibt es eigentlich außer Mubofu noch jemanden in Tschibaja, von dem wir irgendwelche Hilfe erwarten können?«

Mein afrikanischer Mitarbeiter dachte einen Augenblick nach: »Ja, Buana, ich glaube, es gibt einen Mann, der uns helfen könnte. Es ist Ndogowe, der Eseltreiber. Er hatte damals Tschikotis weißen Esel zu pflegen, und dabei ist ihm ein Unglück zugestoßen. Hat nicht Bibi Dobson, die Krankenschwester, die vor dir hier war, ihn durch ihre Geschicklichkeit geheilt? Aber das ist eine lange Geschichte, Buana, die muss ich dir ein anderes Mal erzählen, wenn wir auf Safari gehen.«

»Du hast recht, wir müssen jetzt zusehen, dass wir noch etwas Schlaf bekommen, denn morgen wird wieder viel los sein!«

Nachdem er mir noch »Gute Nacht« gewünscht hatte, zog sich Daudi in seine Unterkunft zurück.

Bald lag ich im Bett. Der Regen hatte aufgehört, aber der Wind pfiff heftig um das Haus. Die Holzladen, die aus Kistendeckeln zurechtgezimmert waren, klapperten unaufhörlich. Während ich einschlief, vermischte sich das Geknarre mit der herzzerreißenden Klage einer unglücklichen Mutter, die wir vor einigen Stunden in Tschibaja gehört hatten. Es war mir, als hätte ich kaum einige Minuten geschlafen, als ich durch eine Stimme vor meinem Fenster geweckt wurde: »Buana, hodi, Buana?«

»Was ist denn los?«, fragte ich.

»Buana«, kam es mit drängender Stimme zurück, »Buana, ich bin es, Mubofu, ich habe viele Kranke mitgebracht!«

Ich warf einen Blick auf meinen Wecker: Fünf Uhr morgens! Im Licht meiner Taschenlampe sah ich Mubofu vor dem Fenster stehen. Er trug ein siebenjähriges Kind auf dem Rücken. Der Junge sah so erbärmlich aus, dass ich für einen Augenblick daran zweifelte, ob er überhaupt noch am Leben war. Gegen die weiße Hauswand hoben sich noch drei oder vier weitere Gestalten ab. Ich zog mir also schnell ein paar Kleider und meine Moskito-Stiefel an und begab mich hinaus.

»Komm«, sagte ich, »wir gehen gleich ins Krankenhaus.«

Alle Spuren des Gewitters waren verschwunden. Von weit her hinter den Kornfeldern ertönte das Lachen einer Hyäne, aber der kleine Zug schenkte ihm keine Beachtung. Ich nahm sie ins Untersuchungszimmer und sandte nach der Nachtschwester. Dann nahm ich den Jungen von Mubofus Rücken herunter. Trotz der Nachtkühle und seiner ärmlichen Bekleidung, die aus einem alten Lendentuch bestand, schien seine Haut zu glühen. Als ich ihn niederlegte, überfiel ihn ein Hustenanfall. Die Anstrengung beim Husten schien fast über seine Kräfte zu gehen. Hastig hob und senkte sich sein Brustkorb. Als er wieder zu Atem gekommen war, stellte ich fest, dass er dreimal so schnell atmete wie Mubofu, der neben ihm stand. Einer von Hunderten, dessen Krankheit sich unweigerlich in eine Lungenentzündung entwickeln würde, wenn nicht sofort etwas unternommen würde. »Wer ist der Kleine, Mubofu?«, fragte ich.

»Er heißt Masengo und ist ein Enkel Tschikotis, des Häuptlings. Es ist derselbe, der sonntags heimlich mit mir kommt, um hier bei euch Gottes Wort zu hören.«

Ich summte vor mich hin und zündete eine Spiritusflamme an, um ein Glasröhrchen zu erhitzen, das ich für die Spritze brauchte.

Der blinde Junge kam nahe an mich heran und fragte: »Buana, was machst du?«

Ich erklärte es ihm: »In diesem Instrument mit der spitzen Nadel habe ich eine Medizin, die Ruhe und Schlaf bringt. Schau, dein kleiner Freund ist so müde nach der langen Reise.«

»Joh, Buana, ich bin auch müde, ich habe ihn den ganzen Weg getragen.« Bei diesen Worten sank er völlig erschöpft auf eine Kiste. Ich gab Masengo seine Injektion und ließ ihn durch einen Krankenpfleger in den Schlafsaal tragen. Da kam Perisi, die Nachtschwester, zu mir und sagte:

»Es sind zwei Frauen hier mit kleinen Kindern. Beide haben Masern und sind sehr krank. Den Müttern sind schon zwei Kinder an dieser Krankheit gestorben, und nun haben sie keinen Glauben mehr an ihre Medizin und suchen bei uns Hilfe.«

»Gut«, sagte ich, »richte ihnen ihre Betten in dem kleinen Raum her, in dem wir unsere Kanister lagern. Nun hat es doch noch etwas für sich, dass unsere Vorräte fast aufgebraucht sind und so wenig Raum einnehmen. Gib den Kindern die nötige Medizin und sorge gut für sie.«

Perisi nickte. Nun wandte ich mich wieder Mubofu zu: »Du bist die ganze Nacht auf den Beinen gewesen und hast schwer gearbeitet. Du musst dringend ins Bett!«

Der kleine Blinde schüttelte den Kopf: »Ich muss das Krankenhaus vor Tagesanbruch verlassen. Die Leute meines Dorfs dürfen nicht wissen, wer das getan hat. Wer weiß, was passiert, wenn sie es erfahren würden! Es könnte sein, dass ich dann nicht mehr helfen kann.«

Ich sah ein, dass es keinen Zweck hatte, ihn länger zurückzuhalten. Ich schloss die Vorratskammer auf, brach ein großes Stück braunen Kandiszucker ab und reichte es ihm: »Da, iss das unterwegs und schlaf dich wenigstens während des Tages aus!« Als er den Zucker dankbar annahm, fügte ich hinzu: »Außer der Nahrung für den Körper will ich dir auch noch eine Botschaft aus Gottes Buch mitgeben, über die du heute und in den kommenden Tagen nachdenken kannst. Es war einmal ein Mann, der hieß Josua. Den hatte Gott für eine ganz besondere Arbeit ausgesucht. Und als er ihm seinen Auftrag gab, fügte er noch diese Worte hinzu – und die Worte, Mubofu, die Gott zu Josua sagte, sagt er heute genauso zu dir: ›Ich will immer bei dir bleiben und dich nie im Stich lassen, sei nur stark und mutig!‹«

»Kah, Buana«, sagte der Afrikanerjunge, »das sind große Worte, aber seit du mir gesagt hast, dass unser Heiland lebt, habe ich eine große Freude in meinem Herzen. Und nun sagst du, dass er immer bei mir bleiben will! Oh, Buana, dann will ich alles für ihn tun, was ich kann!«

»Aber, alter Junge, vergiss dabei nicht, dass du auch Schlaf nötig hast, um diese Arbeit weiter zu tun!«

»Gewiss, Buana, aber es muss alles heimlich geschehen, denn sobald der Häuptling merkt, was los ist, wird er sofort dafür sorgen, dass niemand mehr hierherkommt.«

Im Lauf des Vormittags kam Daudi zu mir: »Ich habe Ndogowe gefunden, den Mann, der damals von dem Esel gebissen wurde. Er meint, wir hätten wenigstens für die nächsten zwei Tage vom Dorf aus nichts zu befürchten. Der Häuptling hat so viel Bier getrunken, dass er nun erst seinen Rausch ausschlafen muss.«

Ich wusste, dass Nghangale ein außerordentlich starkes Getränk war, das aus wildem Honig hergestellt wurde. Nun war ich allerdings auch überzeugt, dass ein Trunkenbold wie Tschikoti für die nächste Zeit erst einmal kampfunfähig sein würde.

»Daudi, du hast mir versprochen, die Geschichte von Ndogowe zu erzählen.«

Mein schwarzer Freund schmunzelte: »Kah, Buana, was ist das für eine Geschichte! Du kennst doch den Esel, den Tschikoti reitet, weißt du, den weißen Esel?«

Ich nickte.

»Nun, es ist ein sehr wertvoller Esel, und darum ist er sehr verwöhnt und störrisch. Der Häuptling gibt ihm Haferbrei wie einem kleinen Baby. Eines Tages also brachte Ndogowe seine Schüssel mit Futter, aber der Esel hatte schlechte Laune und biss ihm seine Nasenspitze ab.« Daudi steckte seinen Daumen zwischen die Finger, um mir zu zeigen, wie viel der Esel abgebissen hatte.

»Heh, Daudi, und dann?«

»Buana, es ist kaum zu glauben, er hob seine Nase auf, oder, besser gesagt, das abgebissene Stück, schwang sich auf das Fahrrad des Häuptlings und sauste zum Krankenhaus. Jah, Buana, das war die Geschichte! Heh, mir wird jetzt noch schlecht, wenn ich nur daran denke. Aber Bibi Dobson machte sich gar nichts daraus. Sie kochte einfach eine Nadel und einige Pferdehaare aus, wusch seine Nasenspitze und nähte sie wieder an! Dann kam ein Verband darauf mit einem Wattebausch und einem Heftpflaster.«

»Hongo, Daudi, wie ging es weiter? Wuchs sie wieder richtig an?«

»Ja, Buana, das ist ja gerade das Tolle an der Sache: Alles ging völlig in Ordnung. Das Einzige, was ihn gelegentlich stört, ist, dass seine Nasenspitze nicht mehr ganz am gleichen Ort sitzt, wo sie war, bevor der Esel sie abbiss!«

Ich musste lachen. »Und war er dankbar für die Hilfe?«

»Eh, Buana, und ob er dankbar war! Er besuchte uns ständig, um sich zu bedanken. Dann brachte er uns Melonen und Süßkartoffeln und zu Weihnachten sogar eine junge Ziege. Die schlachteten wir. War das ein Weihnachtsmann! Bibi sagte, sie hätte in ihrem Leben noch nie so zartes Fleisch gegessen.«

Ich lachte. »Aber welche Hilfe können wir jetzt von diesem Mann erwarten, Daudi?«

»Nun, Buana, alles, was wir erwarten können, ist, dass er uns genau berichtet, was im Dorf vor sich geht. Er wird uns nicht direkt unterstützen, aber er kann für uns Auge und Ohr sein an einem Ort, wo wir sonst kaum Hilfe zu erwarten haben.«

»Na siehst du, was für eine wunderbare Mannschaft wir da in Tschibaja haben, um diese Seuche zu bekämpfen – einen blinden Jungen und einen Mann, dem ein Esel die Nase abgebissen hat!«

Die ersten Berichte

Vor mir lagen vier Bogen Papier. Brütende Hitze umgab mich. Mein Blick schweifte durch das Fenster über die weite Ebene, in deren Mitte sich eine wundervolle blaue Wasserfläche abzeichnete. Die kühle Bläue zog mich unwiderstehlich an, aber ich wusste, dass in Wirklichkeit dort, wo sich vor meinen Augen der See ausbreitete, nichts weiter als eine öde Sandwüste war. Es war eine Fata Morgana.

Daudi kam herein. »Was siehst du dort durch die Tür, Daudi?«

Mein afrikanischer Freund meinte lachend: »Ich sehe viel Wasser, das man nicht trinken kann!« Erschöpft ließ er sich auf einem Stuhl nieder.

»Jah, Buana, das ist genauso wie bei vielen dieser Leute, denen ich in unserem Kampf gegen die Masern helfen wollte.« Er griff nach einem der Berichte und sagte mit einem wehleidigen Lächeln seines schwarzen Gesichts: »Schau, Buana, ich habe für mich die schwierigsten Orte ausgewählt. In die leichten, wo unsere Hilfe erwünscht war, habe ich Kefa und Hilda geschickt. Kefa ist, wie du weißt, ein sehr sanftmütiger Mann, aber Hilda, obwohl sie nur ein kleines Persönchen ist, h-e-e-e-h, sie hat eine spitze Zunge, und sie kann, sie kann – na, Buana, wie sagt ihr das im Englischen?«

»Du meinst, sie kann mit den Leuten fertig werden.«

»Ndio«, sagte Daudi, »sie kann mit den Leuten fertig werden, die störrisch sind und nicht parieren wollen! Jah, und wie sie mit ihnen fertig wird!«

Ich lachte und las am Ende von Kefas Bericht die Zusammenfassung: »In drei Dörfern 107 Kinder behandelt, drei schwierige Familien Hilda überlassen, während ich zum Fiebermessen in die nächsten Häuser gegangen bin.«

Ich las Daudi den Abschnitt vor.

»Ich wollte, ich wäre dabei gewesen«, lachte er.

»Nun, du bist auch nicht gerade der Schüchternste, wenn es darum geht, die Leute hart anzupacken!«

»Oh, Buana, ich fasse sie sehr sanft an! Da war zum Beispiel der Häuptling von Makangua, der mir nicht gestatten wollte, den kranken Kindern seines Ortes Medizin zu geben. Und stell dir vor, für sich selber verlangte er dann Kopfschmerztabletten! Ich erzählte ihm, Kopfschmerzen könnten alle möglichen Ursachen haben. Sie könnten etwa von Moskitostichen herrühren, die auch Malaria verursachten, und dass kürzlich ein Häuptling an Malaria gestorben sei. Darüber hat er sich natürlich nicht sehr gefreut.«

Ich lehnte mich lachend im Sessel zurück. »Und dann hast du ihm wahrscheinlich auch ein bisschen über Hirnhautentzündung und Sonnenstich erzählt?«

»Natürlich, Buana, und auch von Augenkrankheiten, besonders von der ganz schlimmen, von der man blind wird. Ich habe jede erdenkliche Krankheit erwähnt, die mir gerade in den Sinn kam. Nachdem ich ihm tüchtig Angst gemacht hatte, erklärte ich ihm, ich könnte ihm keine Pillen geben, wenn ich nicht zugleich auch die kranken Kinder behandeln dürfte. Da willigte er endlich ein. Aber ich war vorsichtig und sagte ihm, er bekomme seine Pillen erst nach der Behandlung der Kinder. Ha, und da waren allein in diesem Dorf 63 Kinder krank, und etwa 40 waren schon vorher gestorben! Aber jetzt wird es doch wieder bergauf gehen!« Er gähnte. »Schon vor der Morgendämmerung haben wir uns an die Arbeit gemacht und zuerst einmal dafür gesorgt, dass sie ihre Hütten richtig ausfegten. Puh – was für ein Dreck und welch ein Ungeziefer!« Dabei rümpfte er die Nase.

»Dann haben wir also die Kinder aufgeschrieben; ich habe ihnen Augentropfen gegeben und gesagt, was sie tun sollten. Ich habe den Puls gefühlt und die Atemzüge gezählt, jah, bis mir die Arme wehtaten. Dann habe ich dafür gesorgt, dass ihnen die Brust eingerieben wurde. Ich habe dann das Dorf verlassen, bin aber kurze Zeit später wieder zurückgekehrt, um zu sehen, ob sie nicht doch wieder die Anordnungen der Medizinmänner befolgen.« Er zog sein Notizbuch hervor. »Sieben neue Fälle müssen hier im Krankenhaus behandelt werden, einige davon wahrscheinlich mit Lungenentzündung.«

Wieder streckte er sich und gähnte.

»Na, und jetzt bist du wohl etwas müde?«

»Nicht müde, Buana, ich gähne nicht, wenn ich müde bin, ich gähne, wenn ich Hunger habe!«

»Heh«, ertönte eine Stimme von draußen, und dann steckte Samson auch schon sein Gesicht herein. Er strahlte wie ein Honigkuchenpferd.

»Oh, Buana, du musst eine Hungersnot in deinem Bauch haben, wenn es dir so geht wie mir! Daudi hat mir das allerschwierigste Dorf zugeteilt!«

»Jah«, protestierte Daudi, »niemals, die habe ich alle für mich reserviert!«

»Na«, sagte Samson, »wenn meine Dörfer leicht gewesen sein sollen, dann hast du allerdings eine schlimme Arbeit gehabt! Ich kam zu einem Häuptling, der wollte mich nicht einmal in sein Dorf reinlassen! Er ist ein Freund von Tschikoti. Er verbot seinen Leuten, zu uns zu kommen, und bedrohte alle, sie müssten sterben, wenn sie es doch täten. Ach, es war einfach zum Verzweifeln. Schließlich aber betete ich ganz leise zu Gott, er möchte mir helfen, und siehe da: Ein alter Mann kam aus einer Hütte. Er war ein Verwandter des Häuptlings und war zu Besuch. Er kam auf mich zu, grüßte mich und sagte zu dem Häuptling: ›Die Leute vom Krankenhaus und der Buana dort, wenn er auch ein Weißer ist, haben Medizin, die hilft. Sie können Dinge tun, die unsere Medizinmänner nicht fertigbringen. Schau mich an, ich war blind und habe ich dem Waganga nicht Kühe und Ziegen bezahlt, und doch passierte nichts? Keh‹, sagte er verächtlich, ›wie viel Medizin habe ich ausprobiert und wie viel Zauberei, und alles blieb dunkel für mich. Aber dann kam der Buana mit seinem kleinen Messer und ich kann wieder sehen ...‹«

»Wer war der Mann?«, fragte ich Samson.

»Heh«, antwortete er, »das ist ja gerade der Witz, es ist der alte Mann, der die Bezahlung verweigerte, nachdem du ihm den Star operiert hattest, und der behauptete, es gehe ihm kein bisschen besser. Weißt du nicht mehr, wie er auf das Krankenhaus losschimpfte und dir sagte, es tauge nichts und ihre Zauberer hätten die beste Medizin?«

»Ja, ja«, fiel Daudi ein, »er sagte alles Mögliche, was der Buana nicht verstand, aber wir beide haben es verstanden, und ich wäre beinahe aus der Haut gefahren!«

»Nun«, fuhr Samson fort, »dann erinnerst du dich vielleicht auch noch daran, wie der Buana, statt ihm gehörig die Meinung zu sagen, ganz ruhig antwortete, er wolle Gott bitten, dass er seine Augen ganz gesund werden lasse. Uns aber erzählte er von König Salomo, der gesagt hat: ›Eine linde Antwort stillt den Zorn.‹«

»Ich erinnere mich noch gut«, sagte Daudi, »und ich dachte damals, der Buana habe falsch gehandelt, als er nicht strenger mit dem Mann sprach.«

»Nun siehst du«, sagte Samson, »es war nicht falsch, denn der Alte konnte schließlich nur Gutes über unsere Arbeit berichten. Durch seine Fürsprache konnte ich nun in jenem Dorf dreißig Kinder behandeln. Der Häuptling begleitete mich von Haus zu Haus, und als ein Mann sich nicht von mir behandeln lassen wollte, drohte er ihn zu bestrafen. So konnte ich den Kindern Augentropfen geben und die Leute, die mit leeren Benzinkanistern Lärm machten, um die Kinder wach zu halten, wurden zum Schweigen gebracht. Und, Buana, ich habe eine neue Methode gefunden, wie ich die Kinder ruhig halte!«

»Und das wäre?«

Der Afrikaner setzte ein verschmitztes Lächeln auf: »Schau, Buana, so viele Leute kommen und bitten mich um Medizin gegen Kopfschmerzen und Rheumatismus, und ich gebe ihnen neben den Aspirintabletten immer noch Bromidtabletten. Und schau, sie sind bereits müde, wenn sie die Bromidtabletten schlucken, und fallen sofort für viele Stunden in tiefen Schlaf!«

»Das ist ein alter Trick«, rief Daudi lachend.

»Jah«, sagte Samson, »aber ein guter!«

Ich nahm meine Berichte wieder zur Hand. Meine Masernstoßtrupps hatten an einem Tag über 500 Kinder behandelt; darunter waren zwölf Fälle von Lungenentzündung und zwei schwierige Augenkranke. Diese kleinen Patienten wurden bereits im Krankenhaus behandelt, und man konnte ziemlich sicher mit ihrer Genesung rechnen; es war eine reine Zeitfrage. Ich griff zum Bleistift und notierte mir die Anordnungen für den nächsten Tag. Als ich mich am Schreibtisch umdrehte, erschien Kefa im Türrahmen.

»Buana, es ist jetzt vier Uhr und ich habe noch nicht gegessen! Aber jah, war das ein Tag!«

Die bloße Erwähnung des Wortes »essen« genügte, um Daudi wieder zum Gähnen zu veranlassen.

Kefa fuhr fort: »Ich habe Kinder gesehen, die sicher gestorben oder erblindet wären, wenn wir ihnen nicht Medizin gegeben hätten. Nach der Behandlung aber wurde es fast augenblicklich besser!«

»Sei vorsichtig, Kefa«, sagte ich, »wir haben ihnen wohl einige Erleichterung verschafft, aber die Hauptarbeit liegt noch vor uns!«

Daudi nickte: »Das stimmt, Buana, wir dürfen uns noch nicht auf unseren Lorbeeren ausruhen, denn die Medizinmänner werden nicht untätig sein.«

Jetzt trat Daniel ein. Er schien ganz erschöpft zu sein. »Kah, Buana, das war kein guter Tag heute! Ich hin nach Osten gegangen, in die Gegend, in der Tschikoti großen Einfluss hat. Den ganzen Tag habe ich geredet und geredet, aber keinem einzigen Menschen Augentropfen oder Medizin geben können. Überall stießen wir auf Ablehnung und man flüsterte allerlei Gerüchte, dass unsere Station in Gefahr sei!«

Ich gab die Anweisungen für den nächsten Tag und machte dann meine Visite im Krankenhaus, um zu sehen, wer entlassen werden konnte, um Platz zu schaffen für die kleinen Lungenpatienten, die wir erwarteten. In dem Schwesternflügel ließ sich eine helle Stimme vernehmen, die mir nicht unbekannt war: Hilda.

»Jah«, rief sie, »ihr kennt doch alle das alte Weib, das den Kindern mit ihren Fingernägeln den Hals zerkratzte!«

Ein allgemeines Gemurmel zeigte, dass die Schwestern im Dienst allerdings diese Afrikanerin kannten. Ich wusste von wenigstens sieben Todesfällen, die sie auf dem Gewissen hatte.

»Hört nur«, fuhr Hildas Stimme fort, »wie sie mich angriff. Zuerst habe ich Kefa weggeschickt – denn er ist nur ein Mann und nicht allzu gescheit – na, und dann habe ich es ihr vielleicht gegeben! Oh, und ob ich es ihr gegeben habe! Ich sagte zu ihr: Kommst du etwa nicht selbst in unser Krankenhaus, wenn dir deine Knochen wehtun? Kommst du nicht selbst her und schluckst unsere Medizin? Haben wir dich nicht eingerieben mit unserer Salbe? Bettelst du nicht mit kläglicher Stimme um unsere weißen Pillen, damit du sie mit nach Hause nehmen kannst? Und nun, wenn wir kommen und mit unserer Medizin die Kinder retten wollen, willst du uns Schwierigkeiten machen? Jah«, fuhr Hilda fort, »ich habe ihr so gehörig die Meinung gesagt, dass alle anderen Frauen sie auslachten.«

Da lachte auch die alte Stationsschwester, Hildas Großmutter.

»Nun«, sagte sie, »das ist noch das Beste, was du tun konntest. Wenn die Leute sie ausgelacht haben, haben sie dir wohl deine Frechheit verziehen, weil du noch sehr jung bist. Wärst du dagegen böse gewesen, dann hätten die Leute gar nicht auf dich gehört. Ich denke, du hast den richtigen Weg gefunden.«

Ich setzte meinen Rundgang fort und begab mich zur Kinderstation. Überall lagen Kinder in den Betten und auf dem Boden, alle in tiefen Schlaf versunken, nachdem sie tagelang gewaltsam wach gehalten worden waren. Auf dem Tisch standen die Medizinflaschen, auf jeder ein Zettel mit dem Namen des Patienten, für den sie bestimmt war. Die afrikanische Krankenschwester flüsterte mir ins Ohr:

»Ich werde ihnen die Medizin geben, sobald sie wach werden. Buana, du hast mir gesagt, dass der Schlaf bei Lungenentzündung sehr wichtig ist und dass sie ohne Schlaf sogar sterben würden.«

Einen Blick aus dem Fenster werfend, sah ich schon wieder drei Gruppen von Afrikanern den Berg heraufsteigen und sich dem Krankenhaus nähern. Es war bei jedem Einzelnen immer wieder dieselbe Geschichte: Masern, dann Husten und schließlich Lungenentzündung. Nachdem den Kindern eine Spritze gegeben worden war, wurden sie in der Station untergebracht. Mit dem Kinn deutete die Schwester auf drei Kinderbetten: »Diese Kleinen hat Mubofu gebracht, Buana. Kah! Was der leistet – er kommt und geht wie ein Schatten.«

Ich stand gerade im Begriff, das Krankenhaus zu verlassen, da erschien Daudi.

»Jah«, sagte er, »die Arbeit, die wir in diesen Tagen tun, wird noch die Zungen des ganzen Volkes in Bewegung setzen.«

»Ja«, fügte ich hinzu, »und was mich am meisten freut, ist, dass gerade die Arbeit, die wir früher getan haben und die so fruchtlos zu sein schien, nun so reiche Frucht bringt.«

»Ja, Buana«, fügte Daudi hinzu: »›Wirf dein Brot auf das Wasser, und du wirst es wiederfinden nach vielen Tagen!‹«

Ein feindlicher Spion

Seit vielen Tagen war das Krankenhaus restlos überfüllt. Alles war vollgepfropft und jeder Winkel belegt. In unserem Vorratsraum waren die genesenden masernkranken Kinder untergebracht. An der Tür stand »watschiba hadodo – leichte Fälle«. Sie lagen nicht in Betten, sondern auf einer Matte aus Palmblättern und mit einer Decke auf dem Boden. Etwa zwanzig schwer kranke Kinder lagen in Betten oder auf notdürftig hergerichteten Pritschen auf unserer ehemaligen Veranda, die wir nun mit den Resten eines alten, ameisenzerfressenen Reisezeltes zugebaut und in einen Krankensaal umgewandelt hatten. Aus Platzmangel hatten wir die Betten ganz aneinandergerückt und die Insassen abwechselnd mit dem Kopf nach Norden und nach Süden gelegt, sodass nun hintereinander in einer langen Reihe ein Gesicht, ein paar Zehen, wieder ein Gesicht usw. zu sehen waren. Zwischen den Bettreihen konnte sich die Schwester gerade noch durchzwängen, um den Kindern die Augentropfen oder die Hustenmedizin zu verabreichen. Der Hustensaft war eine ganz besonders begehrte Medizin, die von allen Verwandten, besonders von den Großmüttern, hoch gerühmt wurde.

Im ursprünglichen Kindersaal hatten wir achtzehn dieser kleinen Gesellschaft untergebracht, darunter vier mit schwerer Lungenentzündung. Wir mussten wohl oder übel je zwei Kinder in ein Bett stecken – das war nicht gerade sehr hygienisch, aber was blieb uns anderes übrig? Die schlimmsten Fälle von Lungenentzündung waren dort untergebracht, wo wir sonst unseren Medizinvorrat lagerten, während in dem Raum, in dem wir unsere Andachten zu halten pflegten, vierzehn Kinder mit allen möglichen Augenkrankheiten als Folgeerscheinung von Masern oder Lungenentzündung lagen.

Beim Durchgehen der Patientenliste sah ich, dass viele von weit her gekommen waren, die meisten aus Dörfern, wo die Mission Kirchen und Schulen hatte. Andere kamen aus dem entlegenen Gebiet von Manhumbulu, unter anderem auch der Sohn des Häuptlings, der an Lungenentzündung erkrankt war. Die mitternächtliche Reise hatte ihm merkwürdigerweise nicht geschadet, und jetzt, vierzehn Tage später, war er wieder munter und fidel. Für die Leute seines Dorfs war dies ein wahres Wunder. Viele kamen von dort rechtzeitig in großen Scharen angepilgert, noch bevor ihre Krankheit ganz ausgebrochen war. Und das will schon etwas heißen! Nicht weniger als fünfzehn Leute waren aus dem Dorf Tschibaja gekommen, alle von unserem blinden Mubofu bei Nacht hierhergeschmuggelt. Dabei konnte das tagelange Saufgelage der Männer des Dorfs ihm nur gelegen kommen. Im Schutz der Dunkelheit hatte Mubofu eine ganze Reihe von Kindern den sechs Kilometer langen Weg auf seinem Rücken hierhergebracht. Einige der mutigeren Frauen hatte er überredet, ihre Kinder selber herzubringen. Den ängstlichen Müttern schmuggelte er Augentropfen und Hustenmedizin in die Hände und erzählte ihnen, wie schnell und warum die Kinder im Krankenhaus sich wieder erholten. Er beschwor sie, nur ja die Kinder schlafen zu lassen und ihnen so oft wie möglich zu trinken zu geben und möglichst viel süßen Brei. Das alles stand in starkem Gegensatz zu den Stammesgewohnheiten. Er hatte sich als ein richtiger kleiner Held bewährt.

Da erschien Daudi in der Tür, sichtlich erschöpft.

»Komm rein, Daudi, und setz dich. Hast du einen schweren Tag hinter dir?«

»An vielen Orten wütet die Krankheit nicht so sehr, wie wir es bisher erlebt haben, aber an manchen ist es noch viel, viel schlimmer! Jah ...«, er sank auf einen Stuhl nieder. »Buana, könnte man sich nur einmal richtig ausruhen!«

»Der kleine Mubofu hat auch nicht viel Ruhe, es ist einfach unglaublich, was der Junge leistet.«

Daudi nickte: »Seinetwegen bin ich gerade zu dir gekommen. Ich sorge mich um ihn. Ich fürchte, die Leute von Tschibaja werden sich an ihm rächen. Es ist schon zu lange gut gegangen. Wenn Mubofu heute Nacht wieder mit Kindern kommt, die er während des Tages zusammengeholt hat, so schlage ich vor, dass wir ihn hierbehalten. Ndogowe, der Eseltreiber, hat uns gewarnt. Er sagt, Tschikoti habe herausgefunden, wer die Kinder hierherbringt, und er schmiede Rachepläne. Schau, der Häuptling ist schlau wie eine

Schlange. Er mag vielleicht nicht schon jetzt losschlagen, aber er hat Böses gegen unseren kleinen Freund im Sinn, und ich bin in großer Sorge.«

Es war beinahe Mitternacht, als ich vom Fenster her die leise Stimme unseres blinden Freundes flüstern hörte: »Hodi, darf ich reinkommen?« Schnell öffnete ich ihm.

»Heute Nacht habe ich zwei mitgebracht, Buana«, sagte er, »das Mädchen hier hat die Masern; sie konnte selber laufen, aber den Jungen musste ich tragen. Als ich ihn so schwer atmen hörte, dachte ich daran, dass du gesagt hast, das sei ein Anzeichen von Lungenentzündung.«

»Na«, sagte ich, »du wirst ja der reinste Doktor!«

Er lachte vergnügt und sagte: »Buana, ich bin in meinem ganzen Leben noch nie so glücklich gewesen!«

Ich sah mir den Kleinen auf seinem Rücken an und dann marschierten wir miteinander ins Krankenhaus hinüber. Während der letzten vierzehn Tage hatte ich diesen Gang mit Mubofu fast jede Nacht getan. Über die Hälfte der Kinder, die auf diesem heimlichen Weg zu uns gekommen waren, wären ohne Krankenhauspflege sicher gestorben oder erblindet. Mubofu ging wieder mit festem Schritt und erhobenem Haupt vor mir her.

Es war einfach unglaublich, wie er jeden Stein und jede Windung des Weges kannte. Irgendwie brachten wir es fertig, auch die beiden neuen Patienten noch unterzubringen; dann nahm ich den blinden

Jungen mit in die Küche hinüber, wo ich ihm eine Tasse Tee und ein riesiges Stück Kuchen mit Schokoladenguss gab.

»Oh, Buana«, rief er aus, »was für ein wunderbarer Kuchen! Ich denke mir, dass die Engel davon leben.«

Irgendwie war der Junge in den letzten Monaten innerlich gewachsen. Lachend legte ich meine Hand auf seine Schulter: »Mubofu, erinnerst du dich noch daran, wie du mich damals in der Kirche von Dodoma über den Himmel ausgefragt hast?«

Er nickte: »Kah, Buana, in diesen Tagen muss ich sehr viel an den Himmel denken und an Gott.«

»Auch ich denke oft darüber nach, Mubofu. Aber ich glaube, viele Leute werden einen Schock bekommen, wenn sie in den Himmel kommen. Sie haben Jesus um die Vergebung ihrer Sünden und Erlösung von allem Leid gebeten, aber sie haben ihm nie ihren Dank bezeugt, wie er es erwartet und wie er es ja auch in seinem Buch sagt.«

»Kah«, sagte der blinde Junge, »solche Leute, die keine Dankbarkeit kennen, sind gar nicht wert, einen Heiland zu haben.«

»Das stimmt«, sagte ich, »aber denk an die vielen Menschen, die Gott ihre Dankbarkeit bezeugen, die in seinem Dienst stehen und nach seinem Wort leben. Zu diesen wird unser Herr sagen: ›Kommt, ihr Gesegneten meines Vaters, erbt das Königreich, das seit Anbeginn der Welt für euch bereitet ist. Ich war hungrig, und ihr habt mich gespeist, ich war durstig, und ihr habt mir zu trinken gegeben, ich war ein Fremdling, und ihr habt mich aufgenommen. Ich war nackt, und ihr habt mich bekleidet, ich war krank, und ihr habt mich besucht.‹ Und wenn sie fragen: ›Aber wann haben wir dich hungrig oder durstig, nackt oder krank gesehen?‹, dann wird Jesus ihnen antworten: ›Wahrlich, ich sage euch, was ihr einem dieser geringsten meiner Brüder getan habt, das habt ihr mir getan.‹«

»Buana, nun verstehst du sicher auch, warum ich in mein Dorf zurückmuss, um ihm zu gefallen.«

Während er noch sprach, berührte er auf einmal meinen Arm und erhob warnend den Finger: »Buana, sei still – da draußen ist jemand. Da schleicht jemand, der nicht gehört werden will!«

Ich lauschte, konnte aber beim besten Willen nichts hören.

»Da ist es wieder«, flüsterte Mubofu, »ich höre ihn. Er geht gerade um den Wassertank herum, Buana, er hat am Fenster gelauscht – jetzt geht er fort –.«

Ich nahm eine alte Zeitung vom Tisch, rollte sie zusammen und entzündete sie am Feuer. Als die Flamme hell loderte, riss ich die Tür auf und stürzte hinaus in die Dunkelheit. Ich kam gerade noch rechtzeitig, um eine dunkle Gestalt im Schatten der Dornsträucher in der Nähe des Hauses verschwinden zu sehen.

Meine Fackel erlosch und wieder umgab uns tiefe Finsternis. Außer den Grillen schien nichts die Stille der Nacht zu stören. Neben mir sagte Mubofu: »Es gibt Leute, die sich nicht freuen über die Arbeit, die hier im Krankenhaus getan wird.«

Seine Stimme klang sehr ernst: »Buana, du musst sehr gut aufpassen, dass dir nichts Böses zustößt. Vielleicht wollen sie dir Schaden zufügen!«

Für mich selbst hatte ich keine Angst, aber meines kleinen, afrikanischen Freundes wegen war ich sehr besorgt. Ich wusste, wozu die Zauberer fähig waren. Aber ich schwieg und sagte nichts zu Mubofu. Ich schnitt ihm noch ein tüchtiges Stück Kuchen ab und wünschte ihm eine gute Nacht und Gottes Schutz auf seinem Weg. Dann sah ich ihn im Dunkel der Nacht verschwinden.

Der Feind greift an

Ich ging in das Haus zurück, um meinen Tagesbericht zu schreiben. In einer Viertelstunde kam ich nicht über drei oder vier Zeilen hinaus. Irgendwie wollten die Worte mir nicht kommen. Dumpf drohte es aus dem Dorf Tschikotis: Trommeln, Trommeln, Trommeln. Sie schlugen wie der Puls in einem schmerzenden Schädel. Ich riss ein Blatt vom Notizblock, zerknüllte es, warf es in den Papierkorb und machte einen neuen Anfang. Aber es half nichts. Ich versuchte, die gegenwärtige Lage auf der Kinderstation zu beschreiben. Im Kindersaal steckten noch immer je zwei Kinder in einem Bett. Die Kinder lagen in jedem nur denkbaren Winkel. Viele lagen auf dem Fußboden. Dazu viele Verwandte, die nie das tun wollten, was ihnen befohlen wurde – aber die Worte kamen einfach nicht, und meine ganzen Bemühungen endeten mit ein paar schwerfälligen Sätzen. Selbst ein Versuch, den Eifer der Schulkinder beim Bau der neuen Kinderstation zu beschreiben, schlug fehl. Ich konnte den Klang dieser Trommeln nicht aus meinem Kopf loswerden – es dröhnte und dröhnte in einem fort. Schließlich legte ich den Federhalter hin und sagte zu mir selbst: »Nein, mein Lieber, so geht das nicht weiter. Mach dir eine Tasse Tee und dann fang noch einmal von Neuem an!«

Also machte ich mir eine Tasse Tee. Aber als ich

mich dann wieder an meinen Schreibtisch setzte, ging es immer noch nicht besser. Ich war weder in der Stimmung zu schreiben noch zu schlafen. Ständig hörte ich das Trommeln. Dann vernahm ich sogar die Stimmen von Menschen draußen hinter dem Dorngebüsch. Der Lärm schwoll an und ab mit dem Nachtwind. Welch anderes Mittel blieb mir gegen solche Wahnvorstellungen als Arbeit? Ich zündete also die Sturmlaterne an und machte mich auf den Weg hinüber zum Krankenhaus. Es war ein Uhr nachts. Ich nahm mir einen Knotenstock mit, für den Fall, dass mir auf dem Weg Schlangen begegneten. Dann ging ich die zweihundert Meter zum Krankenhaus. Ich schloss hinter mir das Gartentor, als vom Krankensaal her ein Krachen ertönte, gefolgt von wütenden Stimmen. Dann leuchtete plötzlich der Saal vor mir in grellem Licht auf. Ein Gewirr entsetzter Stimmen drang zu mir herüber. Als ich die Zimmertür aufstieß, loderte eine der Grasmatten am Boden wie eine Riesenfackel und erfüllte den Raum mit dichten Rauchschwaden. Ich packte die Matte an einem Zipfel, der noch kein Feuer gefangen hatte, und riss sie hinter mir her zum Ausgang. Im Feuerschein sah ich eine Reihe schwarzer Gesichter voller Entsetzen hinter den Decken hervorgucken. Ich strengte mich nicht an, die Matte zu löschen, sie war sowieso hinüber; und außerdem waren die Grasmatten spottbillig. Als schließlich die Flammen über einem armseligen Häuflein Asche erloschen, ergriff ich meine Laterne, um diesen unliebsamen Zwischenfall zu klären. Es stellte sich heraus, dass eine alte Frau den Brand verursacht hatte, die in aller Frühe in den Schlafsaal der Kinder eingedrungen war. Niemand wusste, wie sie hereingekommen war. Sie hatte ihr Enkelkind, das an schwerer Lungenentzündung erkrankt war und über 39 Grad Fieber hatte, auf den Fußboden gelegt und sich in aller Ruhe selbst in dem Kinderbett breitgemacht. Da das kleine Kind ohnmächtig war, hatte es natürlich nicht geschrien, und die Schwester, die zu der Zeit im Nebensaal die Augenkranken versorgte, hatte von der ganzen Geschichte nichts bemerkt. Erst als sie später die Runde machte, entdeckte sie die Großmutter im Bett und das sterbenskranke Kind auf dem Boden und war verständlicherweise empört.

Sie versuchte, die Alte aus dem Bett zu zerren, die wehrte sich und griff nach einem Petroleumkanister, der neben dem Bett stand. Dabei ging die Lampe zu Bruch, Petroleum floss über die ganze Matte, die sofort Feuer fing, und das war das Ende vom Lied.

Mit sanfter Gewalt drängte ich die Großmutter nun aus dem Krankenzimmer und wies ihr einen Platz an, wo sie schlafen konnte. Ich gab ihr sogar eine Matte und eine Wolldecke. Dann setzte ich meinen Rundgang fort. Manche Kinder befanden sich noch in heller Aufregung, andere hatten im tiefen Schlaf von der ganzen Sache überhaupt nichts bemerkt. Bald war alles wieder still. In einer Ecke lag Masengo, der kleine Junge, den Mubofu hierhergebracht hatte. Sein Zustand hatte sich verschlechtert, und ich entschloss mich, ihm sofort eine Spritze zu geben. Das schien der einzige Weg zu sein, ihn am Leben zu erhalten.

Um seine Reaktion abzuwarten, wollte ich auf alle Fälle in der Nähe bleiben; so schloss ich leise hinter mir die Tür und ging zu meinem Büro hinüber. Auf einmal verspürte ich eine große Leichtigkeit zum Schreiben. Die Worte flossen mir nur so aus der Feder, und ein Blatt nach dem anderen wanderte in eine braune Mappe mit der Aufschrift: »Die Feinde des Urwalddoktors«.

Gähnend klappte ich meinen Notizblock zu. Der Wecker zeigte drei Uhr. Ich musste unbedingt noch etwas Schlaf haben. Aber als ich das Büro verlassen wollte, stürzte plötzlich die Nachtschwester in mein Zimmer und schrie: »Buana, drei Männer sind in den Krankensaal eingedrungen – sie haben Masengo gepackt und sind mit ihm verschwunden – ich konnte nichts tun!«

Ich griff zur Laterne und suchte das ganze Stationsgelände ab, aber alles, was ich fand, war ein Loch im Zaun. Während ich in die Nacht hinaushorchte, schwoll das Dröhnen der Trommeln an.

Es war, als feiere Tschibaja bereits seinen Sieg.

Die unheimliche Stille am folgenden Tag schien auf bevorstehenden Sturm hinzudeuten.

Zum ersten Mal seit vierzehn Tagen hatte ich in der Morgendämmerung das »Hodi« Mubofus nicht gehört, und was ebenso verhängnisvoll schien: Die

Gruppen von Kranken, die wir gewöhnlich den Berg zum Krankenhaus heraufkommen sahen, blieben heute aus.

Auch im Krankenhaus herrschte nicht der übliche Betrieb. Da kam Daudi herüber und sagte: »Es ist passiert. Komm und schau es dir an.«

Vor dem Haupttor des Krankenhauses war auf dem staubigen Weg ein großer Kreis gezogen, und in dem Kreis lagen ein Hühnerkopf, zwei kreuzweise übereinandergelegte Stäbe, getrocknete Früchte des Baobabbaums und ein Affenschädel.

Verwundert betrachtete ich das alles: »Was soll das bedeuten, Daudi?«

»Es bedeutet, Buana, dass der Zauberer aus Mubofus Dorf seinen Zauberspruch über das Krankenhaus ausgerufen hat. Das Ergebnis siehst du! Die Leute sind alle von Entsetzen gepackt. Schon über zwanzig Patienten sind davongelaufen und eine Menge Kinder wurden bereits von ihren Angehörigen fortgeschleppt. Siehst du das große Loch dort im Zaun? Der heutige Tag wird sehr ruhig verlaufen, aber es ist Gefahr im Verzug, und die Herzen aller Leute sind von Furcht erfüllt. Und, Buana, sie fürchten sich vor einem Zauberspruch noch mehr als vor der Krankheit.«

Selbst bei größter Mühe gelang es mir kaum, alle Verwandten der Patienten zu beruhigen und ihnen zu erklären, dass sie sich vor dem Zauberspruch nicht zu fürchten brauchten. Sie hielten mich für ein kleines Kind, das die Gefahr nicht erkennt, die ihm droht. Statt der Hunderten von Afrikanern, die sonst kamen, um sich Medizin zu holen, kamen heute nur zwei oder drei. Es wurde uns berichtet, dass im ganzen Land ein Propaganda-Feldzug gegen unsere Station im Gang sei. Im Flüsterton ging es von Mund zu Mund: »Wer ins Krankenhaus geht, muss sterben!«

Ich rief das ganze Personal zusammen. Die Krankenpfleger in ihren Schürzen ließen sich auf dem Boden nieder und die Krankenschwestern mit ihren weißen Hauben setzten sich auf die Bänke. Alles war gespannt. Dann erzählte ich ihnen die Geschichte von den drei Männern, die in einen feurigen Ofen geworfen wurden, als sie sich weigerten, das Standbild des Königs anzubeten.

Dann fuhr ich fort: »Genauso gilt es für uns im Krankenhaus heute eine Probe zu bestehen. Glauben wir an Gott, und sind wir bereit wie die drei Männer, ihm allein zu dienen? Glauben wir, dass der Gott, dem wir dienen, uns erretten kann und erretten will?«

Daudi nickte: »Ja, Buana, das glaube ich!«

»Und ich auch«, bezeugte die alte Setschelela, »ich glaube es von ganzem Herzen.«

»Wenn man kämpfen will, ist es immer wichtig, dass man gute Waffen hat. Erinnert ihr euch daran, dass Jesus, als er von dem Teufel versucht wurde, jeden Angriff mit dem Buch Gottes abschlug? Hört zu – hier ist der Vers, den wir zu unserer Kampfparole machen wollen. Er steht im Buch Jesaja und lautet:

›Fürchte dich nicht, denn ich bin mit dir. Weiche nicht, denn ich bin dein Gott: Ich werde dich stärken und dir helfen, ich halte dich aufrecht durch die rechte Hand meiner Gerechtigkeit.‹ Nun – wollen wir den Angriff wagen, Freunde?«

Ein allgemeines Kopfnicken. Ich schritt hinaus zum Eingangstor des Krankenhauses, wo der Medizinmann seinen Zauberkreis gezogen hatte. Mit dem Fuß stieß ich das Zeug auseinander, zertrat es im Staub und wischte den Kreis aus. Furchterfüllt schaute mir das Personal zu. Wahrscheinlich rechneten sie damit, dass ich jeden Augenblick tot umfallen würde. Während sie angstvoll abwarteten, stimmte ich das Lied an: »Fortgekämpft und fortgerungen, bis zum Lichte durchgedrungen muss es, bange Seele, sein.«

Da fielen sie alle begeistert ein.

»Kommt«, sagte ich, »wir werden unsere Station nicht verteidigen: Wir greifen an! Sobald die große Trommel ertönt, versammelt ihr euch alle auf der Veranda!«

Schlachtpläne

Ich winkte Daudi zu mir herüber: »Schick jemanden zu Ndogowe, dem Eselmann, und sieh zu, ob du herausfinden kannst, was Mubofu zugestoßen ist. Ich denke, es ist höchst verdächtig, dass er nichts mehr von sich hören lässt und dass man stattdessen dieses Zauberzeug da aufgebaut hat.«

Daudi nickte und eilte davon. Ich ging zur Mädchenschule hinüber, wo eine Anzahl Masernkranke untergebracht waren, die sich bereits auf dem Weg der Besserung befanden. Wir mussten mit einem neuen Ausbruch der Krankheit rechnen, wenn nach Beendigung der Ferien etwa dreißig Mädchen aus den weit entfernt liegenden Dörfern wieder in die Schule zurückkamen. Ich ließ alle Mädchen zusammenrufen.

»Hört gut zu!«, sagte ich. »Ich brauche eure Hilfe. Wir führen drüben im Krankenhaus einen Kampf und da habe ich verschiedene Pläne. Wir haben im Krankenhaus nicht genug Platz für die vielen Kranken. Ich möchte gern eine besondere Station aufbauen für alle Patienten mit ansteckenden Krankheiten wie Masern, Pocken oder Keuchhusten. Den Zement für den Boden habe ich schon besorgt, und Sulimani, der Inder, hat mir versprochen, viel getrocknetes Gras für das Dach zu liefern. Ich habe also schon den Boden und das Dach, und das

Einzige, was noch fehlt, ist das, was dazwischenkommt.«

Da lachten sie alle und riefen: »Buana, wir wollen dir helfen, die nötigen Ziegelsteine herzustellen!«

»Aber«, fragte ich, »wie wollt ihr denn jetzt in der Regenzeit die Ziegelsteine trocknen? Es ist keine Sonne da, und brennen können wir sie auch nicht. Deshalb hätte ich gern richtige Steine. Kann jede von euch jeden Tag einen Stein aus dem Flussbett hertragen, damit wir davon ein Haus für die kranken Kinder bauen können?«

Von allen Seiten wurde heftig genickt: »Ja, Buana, natürlich werden wir dir helfen, und wir wollen mehr tragen als bloß einen Stein pro Tag.«

Es war kaum eine Stunde vergangen, da sah man auch schon eine lange Reihe von Kindern, die sich langsam zum Fluss schlängelte: Die kleinen Jungen trugen ihre Steine auf der Schulter, wie es bei den Männern in Tanganjika üblich ist, und die Mädchen trugen ihre wesentlich größeren Steine auf dem Kopf, wie es bei den Frauen Brauch ist. In unglaublich kurzer Zeit war bereits ein recht ansehnlicher Berg von Steinen auf dem Baugelände aufgeschichtet. Dann wurde der Inder benachrichtigt, und schon am nächsten Tag brachte er das Gras. Am Nachmittag wurden eifrig Pläne fertig gemacht, und noch ehe die Sonne unterging, waren die ersten Steine auf einem soliden Felsenboden gelegt. Bald erblickte ich von allen Seiten her wieder Gruppen von Menschen, die sich auf das Krankenhaus zubewegten.

Bis zum Abend kehrten viele, die uns ausgerissen waren, wieder zurück. Wie der Wind über ein Weizenfeld hinstreicht, so hatte sich über die ganze Gegend die Nachricht verbreitet, dass ich gewagt hatte, den Zauberkreis zu zerstören, und dass mir nichts zugestoßen sei; ja, dass wir darüber hinaus sogar angefangen hätten, das Krankenhaus zu vergrößern, um für mehr Patienten Platz zu schaffen.

Es war bereits dunkel geworden, als eine alte Frau auf mich zukam: »Buana«, sagte sie, »ich komme von Tschibaja. Als ich heute Nachmittag vom Besuch bei einer Verwandten heimkehrte, sah ich einige Männer des Dorfs mit Stöcken auf Mubofu einschlagen. Oh, Buana, sie haben ihn so geschlagen, dass er zu Boden fiel, und dann schlugen sie ihn auf den Kopf und wo sie gerade hintrafen. Ach, Buana, ich glaube, er ist tot, denn ich habe gesehen, wie sie ihn in einen Graben warfen, wo die Hyäne wohnt mit ihren vielen Verwandten!«

Schnell rief ich Daudi und Samson und rannte mit der Laterne in der Hand zu unserem alten Vehikel. Wir musterten das Personal, um festzustellen, wer für eine Suchaktion infrage käme, und packten die alte Sukuma bis unter das Dach voll. Als hätte selbst die alte Kiste bemerkt, um was es hier ging, sprang sie gleich beim ersten Kurbeln an. Fieberhaft rasten wir die holprige Straße hinunter in Richtung auf Tschikotis Dorf zu. Im Geist verfolgte mich das Bild von drei herumstreichenden Hyänen, die niemals einen gesunden und kräftigen Mann angreifen würden, die sich aber nur zu gern über einen schwachen Jungen hermachen und ihn schrecklich zurichten würden. An der Stelle, wo er noch vor wenigen Tagen in der Dunkelheit die Führung übernommen hatte, hielt ich den Wagen mit einem Ruck an. Schnell packte ich meine Laterne und lief den Graben entlang. Andere waren mir schon zuvorgekommen. Aber nirgends war eine Spur von Mubofu zu erkennen. Doch plötzlich ertönte aus einiger Entfernung aus dem Dorngebüsch ein Ruf Samsons. Ich eilte so schnell ich konnte in die Richtung, aus der der Ruf kam. Dann fand ich zwei unserer Krankenpfleger über den Körper meines kleinen blinden Freundes gebeugt. In einer ganz verzerrten Haltung lag er auf dem Boden. Ich fühlte zuerst an seiner Brust. Das Herz schlug noch! Aber selbst bei dem spärlichen Schein der Laterne konnte man deutlich erkennen, dass sein Schädel übel zugerichtet und zumindest ein Arm gebrochen war. Mit größter Sorgfalt trugen wir ihn zum Wagen und betteten ihn bequem auf eine Matratze.

So vorsichtig wie möglich fuhr ich den rauen Weg zurück. »Daudi«, sagte ich, »das ist das Werk eines Teufels!«

Schweigend fuhren wir weiter. Dann sagte Daudi: »Sie werden den Kampf nicht aufgeben. Sie werden noch Schlimmeres tun! Wir müssen dauernd auf der Hut sein!«

Es war fast Mitternacht, als wir Mubofu in den Operationssaal trugen. Sein Leben hing an einem seidenen Faden. Die ganze Aufregung und die Anstrengung des Tages hatten mich völlig zermürbt. Ich kniete neben dem Operationstisch nieder und bat Gott um Kraft und Geschick. Ich erinnerte Gott an sein Wort: »Die auf den Herrn harren, gewinnen neue Kraft, dass sie auffahren mit Flügeln wie Adler, dass sie laufen und nicht matt werden, dass sie wandeln und nicht müde werden.« Dann bat ich um das Leben des blinden Jungen, der dem Märtyrertod so nahe war, wie ich es noch bei keinem anderen gesehen hatte.

Das Licht im Operationssaal war sehr trübe. Als ich mich von meinen Knien erhob, warf ich einen Blick zum Fenster. Da sah ich von draußen ein unbekanntes Gesicht gegen die Scheibe gepresst. Ich riss die Tür auf und stand mit drei Sätzen draußen. Aber ich konnte nur noch die Umrisse einer dunklen Gestalt erkennen, die bald durch das offene Tor verschwand, durch das noch vor wenigen Augenblicken die Träger hereingekommen waren. Offensichtlich trieben sich hier Spione von Tschikoti herum, und in der Luft spürte man neues Unheil herannahen. In dieser Nacht verriegelten wir die Tür zum Männersaal, und Samson legte sich mit einem dicken Knüppel bewaffnet auf die Schwelle davor.

Am folgenden Morgen brachten meine begeisterten kleinen Freunde weitere Steine für den Neubau, und wieder kamen Scharen von Leuten, um Medizin zu holen. Allmählich füllten sich wieder die leeren Betten, und gegen Abend brachte Sulimani einen ganzen Lastwagen voll Grasplatten, die geschickt in zwei Meter Länge für das Dach des neuen Krankensaals angefertigt worden waren.

Im ganzen Krankenhaus löste sich die Spannung, und alles atmete erleichtert auf. Ich hörte wieder Lachen und die Leute kamen, um die Berge von Steinen und Gras zu bewundern. Der lahme Zimmermann hatte bereits begonnen, Balken und Sparren in seiner Werkstatt zu sägen. Maurer hatten sich darangemacht, die Steine zu behauen, während andere die Mauern bauten. Und drüben lag Mubofu, mein kleiner Freund, immer noch bewusstlos in seinem Bett.

Eine halbe Stunde vor Sonnenuntergang erschien Samson bei mir: »Buana, wir haben einen großen Fehler gemacht. Wenn wir das Gras hier auf dem Boden liegen lassen, werden die weißen Ameisen kommen und kurzen Prozess damit machen. Da gerade so viele Leute hier herumstehen, könnte jeder ein Bündel nehmen und es auf das Dach des Männerhauses hinübertragen. Dort ist es sicher, und außerdem wird es den Krankensaal schön kühl halten, und das wird Mubofu guttun!«

Das war eine ausgezeichnete Idee. Es dauerte gar nicht lange, und der größte Teil des Grases – es müssen wohl mehrere Tonnen gewesen sein – war sorgfältig auf dem Dach des Männerhauses aufgestapelt. Ich hatte Samson darum gebeten, dafür zu sorgen, dass alles möglichst leise vor sich ging, und tatsächlich hatten viele Patienten im Saal nicht die geringste Ahnung davon, was über ihren Köpfen vorging und dass inzwischen das Wellblechdach mit einer dicken Grasschicht bedeckt worden war. Die ersten Sterne blinkten am Himmel auf. Mir schien, als hätten wir einen großen Sieg errungen.

Das sagte ich auch zu Daudi, als er auf mich zukam, aber er zuckte die Achseln: »Kah, Buana, wir werden sehen. Es mag sein, dass du recht hast, aber Tschikoti ist ein Mann voller List. Ich habe das Gefühl, dass er einen neuen Angriff plant. Es wäre sicher klug, in den kommenden Wochen im Krankenhaus einen Nachtwächter anzustellen. Vielleicht werden sie sogar versuchen, Mubofu aus dem Krankensaal zu entführen.«

»O ja, Daudi, das ist ein guter Gedanke: Wir müssen einen Wächter aufstellen! Heh, wir wollen uns Masuaga dafür vorknöpfen, er würde brüllen wie ein Löwe oder wie ein Stier und jedem mit seinem Geschrei einen Schrecken einjagen! Und dabei kann er so lautlos schleichen wie eine Gazelle.«

»Ja, prima, Buana, ich will ihn rufen! Er wohnt gleich hier nebenan.« Daudi deutete mit dem Kinn in die Richtung des aufsteigenden Mondes. Vor uns zeichnete sich gegen den hellen Nachthimmel die Silhouette der Mauern unserer neuen Isolierstation ab. Doch wie ich hinschaute, stutzte ich – der Mond schien mir einen Streich zu spielen.

»Du, Daudi, ist das Gebäude jetzt nicht viel höher als beim Sonnenuntergang?«

»Kah«, antwortete Daudi, »daran ist die Faulheit unserer Wasserträger schuld. Sie haben Gras getragen und es hinten in dem Winkel des Hofes versteckt. Aber Samson kam zufällig daher und stolperte darüber. Es war eine ganze Menge. Es war schon zu dunkel, um es noch auf das Dach des Krankensaals zu schichten, darum trugen wir alles auf die Mauer.«

»Gut«, sagte ich, »dort kann kein Unheil damit geschehen.«

Daudi stimmte mir zu. Damit bewiesen wir beide, wie wenig wir auf die Ereignisse vorbereitet waren, die uns in dieser Nacht noch erwarteten.

Da kam Samson aus dem Dunkel gerannt: »Buana, komm schnell! Komm zur Masernabteilung herüber!«

»Jawohl, ich komme! Ich komme sofort!« Ich rannte los. »Was ist passiert?«, keuchte ich, als ich dem Eingang näher kam.

»Buana, Mubofu hat sich plötzlich so merkwürdig verändert.«

Mit Geheimwaffen unterwegs

Der kleine Junge lag mit einem merkwürdig starren Blick im Bett. Es schien, als wolle er mit seinen erloschenen Augen etwas durchbohren. Ständig murmelte er vor sich hin: »Masengo – Masengo – Masengo.« Schwer atmete Daudi neben mir. »Daudi, wer ist Masengo?«

»Buana, das war der kleine Junge, den Mubofu vor einigen Tagen hierhergebracht hat. Erinnerst du dich nicht? Er hatte eine Lungenentzündung.«

»Ach ja«, sagte ich, »der Junge, den sie vergangene Woche entführt haben?«

Beruhigend legte ich meine Hand auf Mubofus Arm:

»Na, wie geht's, alter Junge?«

Für einen Augenblick kehrte sein Bewusstsein zurück. Er erkannte mich und fragte: »Buana, vielleicht haben sie Masengo aus dem Krankenhaus geholt. Ist er nicht beim Häuptling versteckt – dort, wo sie ihr Korn lagern?! Buana, hilf ihm!«

Dann sank er wieder ins Delirium zurück und wiederholte nur in einem fort: »Masengo – Masengo – Masengo.« Plötzlich richtete er sich auf und schrie markerschütternd. Es lag etwas Unheimliches in diesem Schrei.

Ich versuchte, ihn zu beruhigen: »Es ist alles gut, Mubofu, beruhig dich, alles ist in Ordnung!«

Aber wieder bat er inständig: »Buana, geh zu Masengo, geh zu Masengo. Willst du es mir versprechen, Buana?«

»Ja, Mubofu«, antwortete ich, »ich werde nach ihm sehen.« Ich flüsterte Daudi etwas ins Ohr; bald darauf kam er mit einem starken Beruhigungsmittel zurück.

»Hier, trink, alter Junge.«

»Buana, wirst du wirklich nach Masengo sehen? Willst du jetzt gehen?«

»Ja, ja, mein Lieber, aber jetzt sei schön brav und trink erst einmal.«

Er trank bis zum letzten Tropfen und sank dann bewusstlos in das Kissen zurück.

Daudi beschwor mich: »Buana, du darfst auf keinen Fall in den Ort gehen, woher alles Unglück kommt. Bitte, Buana, geh nicht! Es ist zu gefährlich!«

»Es bleibt mir gar nichts anderes übrig, als zu gehen, Daudi. Im Augenblick werde ich im Krankenhaus nicht gebraucht, und für Mubofus Genesung kann es von ausschlaggebender Bedeutung sein, wenn ich gehe. Ich kann es wenigstens versuchen.«

»Dann nimm aber auf jeden Fall dein Gewehr mit!«

»Nein, Daudi, wenn ich eine Waffe mitnehme, wäre das geradezu eine Herausforderung. Ich werde ganz allein gehen und meine einzigen Waffen werden diese beiden Flaschen sein …«, dabei zeigte ich ihm zwei Flaschen mit Glasstöpseln, von denen die eine ein graues Pulver enthielt.

Ich wollte in unsere alte Sukuma steigen, um in das Dorf hinüberzufahren, musste aber feststellen, dass ihr Gesundheitszustand recht bedenklich war. Einer der Reifen hatte einen tiefen Schnitt, der von einem scharfen Messer herstammen musste. Tschikotis Spione schienen äußerst tätig gewesen zu sein. Da half alles nichts, ich musste mein altes Fahrrad hervorholen. Mit meiner Taschenlampe versuchte ich, mir die abenteuerliche Fahrt etwas schmackhafter zu machen. Auf dem ganzen Weg hatte ich das Gefühl, als würde ich verfolgt. Als plötzlich ein Schwarm schlaftrunkener Vögel auf einem großen Kikujubaum aufflatterte, da wusste ich, dass ich mir die Verfolgung nicht nur einbildete. Sofort legte ich los, so schnell ich konnte, um plötzlich anzuhalten und mich mitsamt dem Rad seitlich in dem Schatten eines Baobabbaums zu verstecken.

Kaum eine Minute später rannten zwei Männer schwer atmend an mir vorbei. Beide waren mit einem Lendenschurz bekleidet und trugen einen Speer in der Hand. Der Weg war hier sehr schmal. Ich schmunzelte vor mich hin. Kurz darauf setzte ich mich gemütlich wieder auf mein Rad und fuhr in der Dunkelheit so leise wie möglich hinter ihnen her.

Der holprige Weg hatte es in sich, aber schon kam Tschikotis Dorf in Sicht. Gegen den Schein der Lagerfeuer erkannte ich deutlich die Silhouetten der beiden Männer, die mich unterwegs ohne es zu wissen überholt hatten. Schnell fuhr ich an sie heran und leuchtete plötzlich mit der Taschenlampe gegen ihre nackten Rücken.

»Kumbe«, sagte ich, »sieh da, es sind noch andere Leute unterwegs heute Nacht!«

Sie grinsten mich dumm an und brachten nur »Ja, Buana« hervor.

»Na seht ihr, das trifft sich ja ausgezeichnet! Da könnt ihr mich ja bei eurem Häuptling anmelden. Sagt Tschikoti, der Buana sei hier und möchte ihn gern sprechen.«

Dann schob ich mein Rad auf ein Lagerfeuer in der Mitte des Dorfes zu und setzte mich auf einen dreibeinigen Hocker, den mir eine Frau anbot. Ich erkannte in ihr eine der Frauen, die heimlich ins Krankenhaus gekommen waren, um Medizin zu holen. Tiefe Stille lag über dem Dorf, die nur von Zeit zu Zeit unterbrochen wurde durch das Stampfen der eingepferchten Rinder. Von Weitem hörte man den klagenden Laut eines Nachtvogels – eine Eule flog tief über das Feuer hinweg, und die ganze Versammlung fuhr ängstlich zusammen.

»Schaut«, flüsterten sie, »eine Eule, der Unglücksvogel!«

Langsam und unbemerkt zog ich den Stöpsel von der großen Flasche. Der durchdringende Geruch von Äther verbreitete sich rasch über den ganzen Platz. Die Leute fingen an zu niesen.

»Heeh«, riefen sie, »was ist das?«

In diesem Augenblick erschien Tschikoti auf der

Bildfläche. Er stellte sich außerordentlich freundlich. »Komm herein, Buana«, sagte er. »Wie kommt es, dass du dich zu dieser Nachtstunde auf dem Fahrrad in mein Dorf begibst?«

»Na weißt du, Häuptling, in diesen Tagen, wo überall Zauberkräfte am Werk sind und Leute heimlich in der Nacht reisen, da ziehe ich es schon vor, mit dem Rad zu kommen.«

Dem Häuptling wurde etwas ungemütlich. Wieder flog die Eule gerade über unsere Köpfe hinweg.

»Schau«, sagte ich, »auch die Eule schwirrt heute Nacht überall herum. Ob sie wohl auch die Zauberkräfte in der Luft spürt? Ich bin gekommen, um jemanden zu suchen, der aus dem Krankenhaus entführt wurde. Solltest du nicht sehr zornig darüber sein? Denn es handelt sich um deinen Enkel Masengo. Wenn er nicht sehr schnell wieder in das Krankenhaus zurückgebracht wird, wird er sterben. Seine Krankheit ist sehr gefährlich und er braucht ganz besondere Medizin.«

Tschikoti nickte: »Ja, Buana, das wäre eine böse Sache, ihn aus dem Krankenhaus zu entführen!«

»Häuptling«, sagte ich in strengem Ton, »es *ist* aber geschehen, und das ist der Grund, weshalb ich heute Nacht in dein Dorf gekommen bin.«

Ich goss ein wenig Äther auf meine Handfläche und entzündete ihn mit einem glühenden Stock, den ich aus dem Feuer gezogen hatte. Hell loderten die Flammen auf, und alle wichen erschreckt zurück.

»Jah«, sagte ich, »schau, das ist nicht Zauberei,

das ist Weisheit. Das ist Medizin, die wir im Krankenhaus verwenden. Hat etwa euer Zauberpriester auch eine solche Medizin?«

Ich setzte mich wieder auf meinen Hocker und wartete die Wirkung meines Tricks ab.

»Buana«, sagte Tschikoti – und seine Stimme klang schon nicht mehr ganz so selbstsicher –, »Masengo ist nicht in meinem Dorf.«

»Er ist nicht in deinem Dorf, wie? Wo ist er denn?«

»Ich weiß nicht, das ist deine Angelegenheit«, erwiderte er schon wieder etwas kühner.

»Er ist durch deine Männer aus dem Krankenhaus entführt worden!«

Der Häuptling zuckte die Achseln: »Hast du sie etwa gesehen, Buana, kannst du sie erkennen? Kah!« Dabei spuckte er aus und wandte sich von mir ab.

»Halt!«, herrschte ich ihn an, »ich habe Beweise dafür, dass du einen armen, blinden Jungen geschlagen und versucht hast, ihn zu töten.«

»Heh«, höhnte er, »wenn die Verwandten böse sind, weil er ihre Kinder in das Krankenhaus gebracht hat, was geht das mich an? Und über Masengo weiß ich nichts!«

Jetzt sprang ich auf und schrie: »Häuptling, du lügst! Er ist in diesem Dorf, ich weiß, dass er hier ist, und du selbst wirst mich zu ihm führen!«

Der Häuptling erhob sich wankend. Er war kein bisschen betrunken. Mit seiner Hand gab er einer Gruppe von Kriegern, die direkt hinter ihm hockten, ein Zeichen. Sie sprangen sofort auf und einige griffen nach ihren Speeren. Andere hatten schwere Knotenstöcke. Schnell trat ich einige Schritte zurück und brachte das Feuer zwischen mich und Tschikotis Leibwache.

»Jah«, höhnte ich, »durch deine Taten hast du deine Lüge bewiesen.« Während ich das sagte, nahm ich aus meiner Tasche die kleine Flasche mit dem grauen Pulver und schüttete es in meine rechte Hand. Der Häuptling gab seinen Leuten ein weiteres Zeichen, und sie bewegten sich auf mich zu.

»Seht dort«, schrie ich, und wies mit der Linken in das Feuer. Für den Bruchteil einer Sekunde hielten sie inne, starrten in die Flammen, und in diesem Augenblick schüttete ich das ganze Pulver aus meiner Rechten in das Feuer, während ich schnell meine Augen bedeckte. Wie ein greller Blitz zuckten riesige Magnesiumflammen auf. Tschikoti und seine Leute schrien geblendet auf. Ich nahm meine Hände wieder von den Augen, die ich als Einziger vor dem grellen Licht geschützt hatte, und sah, wie meine Angreifer geblendet und verwirrt übereinander herstolperten und hinfielen. Ich nutzte den Moment aus, packte den völlig verwirrten Tschikoti beim Arm, und nach einer Minute waren er und ich die einzigen Menschen, die im Dorf zu sehen waren.

»Führ mich zu ihm!«, befahl ich.

Wortlos und ohne Widerstand schritt er auf seine eigene Hütte zu, in der ich dann im trüben Schein einer Petroleumlampe Masengo auf einer Decke liegen sah.

Ich fühlte den Puls und stellte fest, dass Tschikoti, ohne es zu wissen, die Wahrheit gesagt hatte.

Ich erhob mich und sagte: »Du hast recht, Tschikoti, Masengo ist nicht mehr in deinem Dorf. Er ist unterwegs auf seiner letzten großen Safari.«

Es brennt!

Ich bestieg mein Fahrrad, das ich an einen Baobabbaum angelehnt hatte, und fuhr im Licht der Taschenlampe ins Krankenhaus zurück. Ich war sehr bedrückt und niedergeschlagen. Geblendet durch das Licht flog ein Nachtvogel direkt auf mich zu. Ich bog etwas zur Seite, um ihm auszuweichen; da leuchtete mir etwas Weißes von einem Dornstrauch am Wegrand entgegen. Ich stieg ab, ging hin und fand vor mir den Schlafanzug, den Masengo im Krankenhaus getragen hatte. Offenbar hatten die Männer, die ihn entführten, ihm den Schlafanzug aus irgendeiner Laune ausgezogen und weggeworfen. An einer besonders schwierigen Stelle stieg ich ab und schob das Rad eine Weile. Dann bestieg ich es wieder und fuhr auf dem schmalen Pfad zwischen zwei Rinnsalen weiter. Plötzlich ertönte in meinem Rücken vom Dorf her eine Trommel – eine einzige Trommel, und sie dröhnte in einem mir ganz fremden Rhythmus. Sie schien keine gute Nachricht durch die Dunkelheit zu tragen. Ich hatte keine Ahnung, was sie sagte, aber ich beschleunigte mein Tempo. Beim Fahren kamen mir alle möglichen Gedanken. Vielleicht planten sie einen ähnlichen Anschlag gegen Mubofu, den sie doch wahrhaftig schon übel genug zugerichtet hatten.

In Gedanken vergegenwärtigte ich mir nochmals alle Einzelheiten der schwierigen Operation, in der ich Mubofus komplizierten Schädelbruch behandelt hatte.

Auf dem Hügel zeichnete sich schon das Krankenhaus gegen den Nachthimmel ab, und ich konnte sehen, wie jemand mit einer Laterne von einem Fenster zum anderen ging. Die Nachtschwester machte ihren Rundgang. Am anderen Ende des Krankenhauses bewegte sich eine andere Laterne. Sie sagte mir, dass der Nachtwächter ebenfalls seinen Dienst erfüllte.

Ich war noch einen knappen Kilometer vom Krankenhaus entfernt, als ich plötzlich in der Nähe des Neubaus eine Flamme auflodern sah. In einer Minute brannte es lichterloh. Es war das Gras, das wir für das neue Dach aufgestapelt hatten. Irgendjemand musste es in Brand gesteckt haben. Während ich wie wahnsinnig losraste, sah ich dunkle Gestalten von allen Seiten zusammenlaufen, aber es bestand wenig Hoffnung, noch etwas von dem Gras zu retten. Nun wurde mir klar, was die Trommel zu bedeuten hatte. Ich trieb mein altes Fahrrad zu einem Rekordtempo an. Es war mir klar, dass meine Feinde als Nächstes versuchen würden, das Gras auf dem Krankensaal, in dem Mubofu lag, in Brand zu stecken. Die allgemeine Panik, die durch die Feuersbrunst entstanden war, schien ganz dazu angetan, Mubofu schutzlos den Männern Tschikotis auszusetzen, die auch ihn auf die letzte Reise schicken würden, die Masengo noch vor Kurzem angetreten hatte.

In der Nähe des Krankenhauses stieg ich ab. Da

sah ich im Schein der Taschenlampe, die ich noch immer in der Hand hielt, etwa zwanzig Schritte vor mir eine Gestalt wie eine Eidechse an der Krankenhauswand hängen.

In dem Augenblick hörte ich auch schon das Zischen eines Streichholzes, und eine kleine Flamme züngelte gegen das Grasdach. Mit einem Aufschrei stürzte ich nach vorn, warf meine Taschenlampe auf die Gestalt zu und traf sie mitten in den Rücken. Das Streichholz erlosch und die Gestalt fiel stöhnend zur Erde. Aber wie der Blitz war sie wieder auf den Beinen und huschte an mir vorbei.

Ich versuchte, die Gestalt zu greifen, aber alles, was mir in den Händen hängen blieb, war ein schmutziges, schwarzes Tuch. Tschikotis Mann hatte seinen Körper vorsorglich mit Kuhfett eingerieben, um im Fall eines Handgemenges leichter entfliehen zu können. Ich verfolgte ihn ein Stück, aber er jagte davon wie ein gehetzter Hase. In der Dunkelheit stolperte er über mein Fahrrad und musste wohl mitten in ein Rad getreten haben, denn am folgenden Morgen fand ich es mit sechs zerbrochenen Speichen.

Daudi und verschiedene andere waren inzwischen in größter Eile herbeigeeilt, um zu sehen, was los sei. Aber der Räuber war wieder auf den Beinen. Im Schein des brennenden Grashaufens sah man die Schatten seiner langen Arme und Beine in gespensterhaftem Rhythmus an der Wand der Frauenabteilung und dann am Operationssaal auf und ab tanzen.

»Jah«, rief plötzlich Samson, »schau dort, Buana, schau da!« Aus einem unerklärlichen Grund waren die Beine des Räubers auf einmal in der Luft, und dann schlug er mit einem dumpfen Geräusch zu Boden, einen durchdringenden Schrei ausstoßend.

Da brach Daudi in schallendes Gelächter aus und rief:

»Heh, Buana, die Wäscheleine hat ihn unter dem Kinn gefangen. Wie hätte er auch wissen sollen, dass sie dort aufgespannt war! Jah, jetzt haben wir ihn erwischt!«

Aber in einer Sekunde hatte er sich schon wieder aufgerappelt und jagte wie von Furien gehetzt davon. Gerade verschwand er mitten im Dorngebüsch, dessen Stacheln so lang und spitz sind, dass sich unser Stacheldraht dagegen wie Samt anfühlt. Kaum hatten wir uns vom Erstaunen erholt, als wir auch schon in ein schallendes Gelächter ausbrachen, bis uns der Bauch vom Lachen wehtat. Daudi wischte sich die Tränen aus den Augen und sagte:

»Kah, Buana, es hätte schlimmer ausgehen können. Schau, es ist nur wenig Gras verbrannt. Das meiste, das wir auf dem Dach aufgestapelt hatten, ist unversehrt.«

»Ja«, sagte ich, »aber nur um Haaresbreite. Ich bin gerade noch rechtzeitig gekommen, um zu sehen, wie er das Streichholz anzündete; das wäre eine schlimme Sache geworden! Der Lärm und die Hitze wären wohl zu viel gewesen für den armen Mubofu.«

»Ja, Buana«, bestätigte Daudi, »ich bin froh, dass du rechtzeitig zurückgekommen bist, denn er ist wieder bewusstlos gewesen und hat geschrien, so laut er konnte.«

Als ich in das Krankenzimmer trat, fand ich Mubofu tatsächlich wieder sehr elend vor.

»Wo ist der Buana«, schrie er, »wo ist der Buana, wo ist der Buana, wo ist Masengo? Was haben sie mit Masengo gemacht?«

Dabei erhob er seine Arme, als wolle er Schläge abwehren.

Beruhigend legte ich ihm die Hand auf die Schulter und sagte: »Sei nur ruhig, alter Junge, sei nur ruhig. Es wird schon alles gut werden. Ich bin hier, der Buana ist bei dir.«

»Ja«, stöhnte er, »Buana, aber wo ist Masengo?«

Ich gab Daudi ein Zeichen, mir die Spritze zu geben. Dann wusch ich den Arm des Jungen mit einem Wattebausch und sagte: »Es tut nicht sehr weh, sei nur tapfer, alter Junge! Schön ruhig jetzt!«

Darauf führte ich die Nadel ein und gab ihm eine Injektion.

»Kah«, stöhnte er, und für einen Augenblick wehrte er sich verzweifelt. Offenbar glaubte er, wieder Tschikotis Bande in die Hände geraten zu sein.

»Ja«, schrie er, »ich war es, ich war es, der die Kinder ins Krankenhaus gebracht hat. Ich wollte sie dorthin bringen, wo ihre Augen gerettet werden können!«

Er stieß meine Hand weg und sank völlig erschöpft in das Kissen zurück.

Einen Augenblick schien es, als habe sein Puls aufgehört zu schlagen, dann aber kehrte er schwach wieder zurück. Während ich ihn so betrachtete, ging es mir erneut durch den Kopf, was der arme Kerl in den vergangenen Wochen durchgemacht hatte. Sein ganzes Leben war überschattet gewesen durch jene leeren, gähnenden Augenhöhlen. Trostlos starrten sie mir aus dem weißen Bett entgegen. Was hatte er mit seinen vierzehn Jahren schon alles erlebt! Hunger, Leid, Krankheit, Einsamkeit und das ständige Gefühl, anderen nur im Weg zu sein. Bis dann seinem Leben plötzlich ein neuer Inhalt gegeben wurde und er eine große Aufgabe sah: ein neues Ziel statt der alten Leere und Hoffnungslosigkeit. So wanderten meine Gedanken, aber sie kehrten bald zurück, als ich sah, wie seine Lippen zuckten.

Ich beugte mich tief zu ihm nieder. Jetzt wurde er ganz ruhig, die Wirkung der Spritze hatte eingesetzt.

»Wo ist Masengo, Buana, mein Freund Masengo?«

»Ich habe ihn besucht, er ist in der Häuptlingshütte.«

»Buana, ist er …, ist er …?« Flehentlich streckte er mir beide Hände entgegen.

»Mubofu, dein Freund Masengo ruht aus.«

In seiner Sprache hat das Wort noch einen tieferen Sinn, und er verstand mich sofort.

Ein krampfhaftes Schluchzen durchschüttelte ihn, dann wurde er ganz still. Nachdem ich die volle Wirkung des Betäubungsmittels abgewartet hatte, verließ ich ihn. Daudi, der hinter mir stand, flüsterte mir zu:

»Buana, ist es nicht schrecklich, dass ihm das alles zustoßen musste, nachdem er sich doch so bemüht hat, Gott zu dienen?«

Auf den Zehenspitzen schlichen wir zum Saal hinaus und standen noch für ein paar Minuten im Schatten des Granatapfelbaums, der draußen wuchs. Im Sternenlicht hoben sich seine Früchte gegen die weiße Wand des Krankensaals ab.

»Meinst du, Daudi«, sagte ich, nachdem ich wieder Worte fand, »Gott soll alles Leid von uns fernhalten, auch dieses hier?«

»Ja, Buana, das meine ich.«

»Nun, es mag sein, dass er das manchmal tut. Denk aber daran, wie Jesus selber die Menschen immer wieder ermahnte, erst die Kosten zu überschlagen, bevor sie ihm nachfolgen. So sagte er einmal: ›Die Füchse haben Höhlen und die Vögel haben ihre Nester, aber des Menschen Sohn hat nicht, wo er sein Haupt hinlege.‹ Auch hat er seine Jünger nicht im Ungewissen darüber gelassen, dass sein Weg am Kreuz enden würde und dass seine Nachfolger einen ähnlichen Weg vor sich hätten. Petrus hat das erfahren, und Jakobus ist durch das Schwert umgekommen. Und was hat der Apostel Paulus alles durchgemacht! Im Neuen Testament kannst du nachlesen, wie oft er geschlagen wurde, fünfmal hat er neununddreißig Schläge bekommen, einmal wurde er gesteinigt, er hat Schiffbruch erlitten, wurde von Schlangen gebissen, von Räubern überfallen, er litt Hunger und Durst, und am Ende seines Lebens wurde er wahrscheinlich enthauptet. Das alles hat er mit Freuden ertragen, weil er Gott liebte. Am Ende sagte er: ›Ich habe einen guten Kampf gekämpft, ich habe den Glauben gehalten, darum ist mir beigelegt die Krone der Gerechtigkeit, welche Gott denen verheißen hat, die ihn lieb haben.‹«

»E-e-e-e …«, sagte Daudi, »es ist ein schwerer Weg, den wir da zu gehen haben!«

»Ja, es wäre schwer, wenn wir ihn allein gehen müssten. Aber Jesus sagt: ›Siehe, ich bin bei euch alle Tage.‹ Siehst du nicht, Daudi, dass Mubofu auf dem schweren Weg ist, den sein Meister ihm vorangegangen ist, und dass seine Wunden nur eine kleine Sache sind im Vergleich zu Jesu Wunden?«

Eine Weile blieb es ganz still. Dann berührte mein afrikanischer Mitarbeiter plötzlich meinen Arm und rief: »Buana, schau dort in der Apotheke …«

Ich konnte nichts sehen, aber plötzlich hörte ich das Klirren einer fallenden Flasche. Dann huschte zum zweiten Mal in dieser Nacht eine dunkle Gestalt an uns vorbei hinaus und durch das Krankenhaustor in die Dunkelheit. Es wäre vergeblich gewesen, die Verfolgung aufzunehmen, deshalb begaben wir uns in die Apotheke, um nach dem Schaden zu sehen. Der durchdringende Geruch einer Salbe drang in unsere Nase, als wir die Tür aufstießen. Beim Schein der Laterne sahen wir, dass die ganze Flasche ausgelaufen war.

»Joh«, stieß Daudi hervor, »Buana, die ist dahin, und mit ihrem Inhalt können unsere Patienten nicht mehr eingerieben werden. Schau, alles was ich dort auf dem Tisch stehen hatte, war eine Flasche mit Salbe. Und nun ist sie dahin!«

»Was für eine Salbe war es denn, Daudi?«

Ein Schmunzeln ging über sein Gesicht, als er sagte: »Joh, Buana, ich fürchte fast, der Mann hat die Medizin für seinen Kameraden gestohlen, der unser Gras angezündet hat und der danach gründlich von den Dornen zerstochen wurde. Die Salbe, Buana, hast du aus den Pfefferschoten gemacht – aber nicht gerade als ein Linderungsmittel!«

Ich wusste nur zu gut, dass jene Pfeffersalbe, wenn sie in eine offene Wunde geriet, äußerst schmerzhaft wirkte.

»H-e-e-e ...«, lachte Daudi, »es wird nicht lange dauern, bis wir allerhand Geschichten hören werden über unsere starken Zauberkräfte. Schau, in dieser Nacht sind merkwürdige Dinge passiert.«

Verwirrung

Ich suchte meine Taschenlampe, die mir schon so oft gute Dienste geleistet hatte, und fand sie noch unzerstört dort liegen, wo ich sie hingeworfen hatte, nicht einmal das Glas war zerbrochen. Beim Herumleuchten fand ich dann auch glücklich mein Fahrrad wieder. In den Speichen hing ein Stück von einem Ohrgehänge von der Größe eines Zwei-Euro-Stücks. Es bestand aus bunten Glasperlen, die sehr kunstvoll in Giraffenhaar gefasst waren. Es war ein so prächtiges Stück alter afrikanischer Kunst, wie ich es noch nicht gesehen hatte.

Als ich es am nächsten Morgen Daudi und Setschelela zeigte, erweckte es lebhaftes Interesse.

Setschelela sagte: »Buana, es gibt nur ganz wenige Leute, die solchen Schmuck tragen, aber in Tschikotis Dorf lebt einer von ihnen. Von ihm wird viel Böses erzählt. Er ist schnell erregt, und sein Speer ist schon mehr als einmal mit Blut befleckt worden.«

Daudi fügte hinzu: »Wenn du je einen antriffst, der einen solchen Schmuck im Ohr trägt, weißt du, wen du vor dir hast.«

Es war jetzt aber keine Zeit für weitere Detektiv-Hypothesen. Eine Menge Einspritzungen musste gemacht und Medizin zubereitet werden. Außerdem standen noch einige schwierige Augenoperationen auf dem Programm. Sonst hatten sich die Kinder immer etwas gefürchtet, sogar vor den Augentropfen, heute Morgen aber, als ich mit einem ganzen Servierbrett voll Flaschen, Wattebäuschen und einer Anzahl sterilisierter, zugespitzter Streichhölzer erschien, begrüßten sie mich mit freudigen Rufen: »Mbukua, Buana.«

»Mbukua«, erwiderte ich, »so, hier bin ich. Setschelela ist bei mir und hat für jeden, der gut stillhält und die Augen weit offen hält, drei Stückchen Würfelzucker dabei.«

»Kah, Buana«, sagte ein kleiner, pfiffig dreinschauender Junge, »dann brauchst du fünfzehn Stück Zucker – haben wir nicht schon viel Übung im Stillehalten?!«

Sechs Kinder hatten Eiterbeulen in den Augen, zum Teil als Folge der Masern, zum Teil von der Medizin, die die Zauberpriester ihnen verabreicht hatten. Jedem träufelte ich zuerst einige Tropfen einer schmerzstillenden Flüssigkeit ein. Dann folgte aus einer anderen, großen Flasche ein weiterer Tropfen einer hellgelben Flüssigkeit. Ich winkte der Mutter eines Kindes, die in der Tür stand und jede meiner Bewegungen genau verfolgte:

»Sag mal, was siehst du im Auge deiner Tochter?«

Sie betrachtete das Auge, konnte aber nichts Außergewöhnliches feststellen, obwohl die Kleine die Augen weit aufriss, um sich den Zucker zu verdienen.

Dann stutzte sie und sagte: »Joh, was ist das? Auf ihren Augenfenstern (die bildhafte Bezeichnung der

Einheimischen für die Regenbogenhaut) ist ein grüner Fleck, so wie Korn, wenn es nach dem Regen aus der Erde sprießt!«

»Jawohl, du hast richtig gesehen«, sagte ich. »Diese Medizin zeigt an, wo ein Geschwür ist.«

Nun nahm ich eines der zugespitzten Hölzchen, tauchte es in reine Karbolsäure und betupfte damit sorgfältig die Fistel. Ich wusste, dass ich, um sie richtig zu bekämpfen, jede kleinste Stelle betupfen musste. Wenn ich nicht jede Stelle bestrich oder über den Rand des Geschwürs hinaus an den gesunden Teil des Auges kam (und es handelte sich dabei um den Bruchteil eines Millimeters), dann stand das ganze Auge auf dem Spiel. Ich hatte den kleinen Kindern eingeschärft, ganz stillzuhalten, und das Mädchen wie auch alle anderen zuckten mit keiner Miene. Bei einigen Kindern musste ich die Augenlider zurückstülpen – eine ziemlich kitzelige Angelegenheit –, um sie dann mit einer antiseptischen Lösung zu bestreichen.

»Hört zu, Kinder, ich kann unmöglich nur einigen von euch einen Preis geben, denn ihr seid alle sehr brav gewesen.«

»Joh, joh«, riefen sie, »Buana, soll etwa niemand etwas bekommen?«

»Falsch geraten«, sagte ich, »alle bekommen etwas.«

»H-e-e-e ...«, lachten sie da, »Buana, das ist eine feine Sache! Wann dürfen wir wieder raus? Wann dürfen wir wieder in der Sonne spielen?«

»Noch vier Tage«, antwortete ich, »müsst ihr das dunkle Tuch über euren Augen tragen. Noch vier Tage müsst ihr so tun, als sei es Nacht, obwohl es draußen hell ist, und dann …«

»Joh«, unterbrachen sie mich, »und dann, Buana …«

Ich lenkte meine Schritte zum Neubau, der erstaunliche Fortschritte machte. Samson half als Vorarbeiter mit und passte auf, dass die Maurer alles richtig machten. Ich wandte mich an ihn und sagte: »Samson, in einer Woche wird eine große Freude im Krankenhaus sein: Bis dahin werden die Mauern so hoch sein, dass wir das Dach aufsetzen können, und außerdem werden wir wohl zwanzig Kinder wieder gesund entlassen können.«

Im Männerhaus befand sich Mubofu immer noch in einem erbarmungswürdigen Zustand. Obwohl er bewusstlos dalag, stöhnte er doch die ganze Zeit. Irgendwie plagte ihn wohl der Gedanke, dass noch so viele andere Kinder aus seinem Dorf eigentlich ins Krankenhaus gebracht werden müssten. Er schien sie fassen zu wollen, aber dann waren ihm Hände und Füße gefesselt. In seinem Delirium kehrten seine Gedanken an jene Nacht zurück, als ihn Tschikotis Männer halb totschlugen. Noch einige Tage schwebte sein Leben in Gefahr, und ich konnte keine Besserung feststellen. Endlich, eines Morgens, die Zimmerleute hatten oben die Dachsparren aufgerichtet, hatte sein Fieber nachgelassen, und der Puls ging ruhiger.

Mit schwacher Stimme sagte er: »Buana, Buana, mein Kopf, mein Kopf, der Lärm, der Lärm!«

Ich winkte Daudi, und er brachte mir ein Glas mit Medizin. Ich hielt es an seine Lippen. Er trank in gierigen Zügen, und beim Trinken sagte er: »Buana, hörst du nicht die Trommeln? Kannst du sie nicht hören?«

Fragend blickte ich auf Daudi, aber der schüttelte den Kopf.

»Nein, Mubofu, ich höre keine Trommeln. Was ich höre, das sind die Hämmer der Zimmerleute, die auf unserem neuen Krankensaal das Dach aufsetzen.«

»Aber ich höre sie! Es sind Tschikotis Trommeln. Sie dröhnen, und sie erzählen mir, dass ich sterben muss.«

Da ging Daudi hinaus, um draußen zu lauschen, aber er kam bald zurück und flüsterte mir ins Ohr: »Es sind nirgends Trommeln zu hören.«

So beugte ich mich über ihn: »Bleib ruhig liegen, Mubofu, so still, wie du kannst, und deine Kopfschmerzen werden besser werden!«

Ich gab ihm viel Medizin zu schlucken, um seine Schmerzen zu lindern, aber es schien alles nichts zu nützen. Noch zweimal musste ich eine Operation vornehmen. Jedes Mal war es schwieriger, aber jedes Mal erholte er sich wieder. Während der letzten Operation hatte ich Samson den Auftrag gegeben, das Gras vom Dach herunterzuholen und es zum Decken des Daches des neuen Hauses bereitzulegen. Alle im Krankenhaus gingen auf Zehenspitzen, da selbst das geringste Geräusch den Kleinen in die größte Aufregung brachte. Als ich ihn im Laufe des Nachmittags besuchte, sagte er: »Oh, Buana, wie sie hämmern, wie sie hämmern; kannst du nicht machen, dass sie aufhören?«

»Sie haben längst aufgehört mit dem Hämmern, alter Junge. Sie legen gerade das Grasdach und machen dabei gar kein Geräusch.«

In diesem Augenblick hörten wir aus weiter Entfernung einen Esel schreien.

»Koh«, sagte Mubofu, »Buana, hörst du nicht den Esel? Sein Schrei dringt in meinen Kopf, als würde man einen Nagel einschlagen!«

Zum ersten Mal erkannte ich klar, dass bei dem heimtückischen Angriff des Häuptlings Mubofus Gehirn verletzt worden war.

Mittlerweile hatte der Betrieb im Krankenhaus etwas nachgelassen. Wir hatten die Zeltplane entfernt, die die Veranda in einen Krankensaal verwandelt hatte. Die Kinder, die sehr krank gewesen waren, befanden sich nun entschieden auf dem Weg der Besserung. Das Leben lief fast wieder normal ab. Ich saß an meinem Schreibtisch und rechnete aus, wie viel uns die Masernepidemie gekostet hatte. Im Ganzen hatten wir über tausend Krankheitsfälle behandelt, davon etwa zweihundert im Krankenhaus. Bei mehr als siebzig Kindern hätte man mit völliger Erblindung rechnen müssen, wenn sie nicht operiert worden wären. Wir hatten nur sechs Todesfälle. Die ganze Aktion, alles eingerechnet, hatte uns weniger als fünfzig Pfund gekostet. Neben meinem Schreibtisch sank ich auf die Knie und dankte Gott von ganzem Herzen für die Möglichkeit, dass ich ihm auf diese Weise dienen durfte. Wie oft hatte man mir gesagt, Missionsarbeit in Afrika sei ein törichtes Unternehmen; die Afrikaner seien auf ihre Weise ganz glücklich, und wir sollten sie nur in Ruhe lassen. Ganz besonders dankte ich Gott für den jungen Mubofu und für das, was er geleistet hatte: für die vielen Menschenleben, die er unter Einsatz seines eigenen Lebens gerettet hatte.

Als ich mich von den Knien erhob, stand der Blinde in der Tür und hielt sich mit beiden Händen die Ohren zu.

»Oh, Buana«, sagte er, »wohin kann ich gehen, wo mich kein solcher Lärm stört wie hier im Krankenhaus? Schau, Buana«, und mit zitternder Stimme fuhr er fort, »es war keine Freude, blind zu sein; aber dieser Schmerz in den Ohren ...« Er wackelte mit seinem Kopf hin und her. Ich legte meinen Arm um seine Schultern und führte ihn in eine kleine Hütte, weit außerhalb des Krankenhausgebäudes, wo wir sonst unsere Aussätzigen behandelten.

»Komm, setz dich, hier ist es ganz still. Schau, unter dem Dach ist es kühl, und der Lärm aus dem Krankenhaus dringt nicht bis hierher.«

Er sank auf den Stuhl, den ich für ihn bereitgestellt hatte, und sagte:

»Ja, Buana, hier ist es ruhig. Hier höre ich die Trommeln nicht mehr.«

Ich beruhigte ihn weiter und erzählte ihm von den mehr als tausend Menschen, die wir behandelt hatten, und besonders von den vierundzwanzig, die er ins Krankenhaus gebracht hatte, die ihm ihre Heilung verdankten.

»Ja, Buana«, sagte er, »aber Masengo ist gestorben, mein Freund Masengo.«

»Das ist wahr, aber die anderen vierundzwanzig sind wohlauf, und ohne dich würden auch sie nicht mehr leben.«

Zum ersten Mal seit vielen Tagen sah ich wieder ein Lächeln auf seinem Gesicht.

»Kah, Buana, daran habe ich nicht gedacht!«

»Und dann«, fuhr ich fort, »hat nicht Masengo durch dich Gottes Wort gehört, hast du es ihm nicht gesagt?«

»Ja, Buana, ich habe es ihm gesagt und wir haben miteinander zu Jesus gesprochen. Darum vermisse ich ihn ja so sehr. Er war mein Freund. Ach, wie gut hat er mich verstanden.«

»Mubofu«, sagte ich, »unser Leben auf dieser Erde dauert nicht lange. Es mögen einige Jahre sein, vielleicht auch nur einige Tage, aber wenn wir uns auf die letzte große Safari begeben, schau, dann werden wir unseren Meister sehen. Er wird uns freundlich willkommen heißen, und aus seinem Mund werden wir die Worte hören: ›Wohl dir, du bist treu gewesen!‹«

»H-e-e-e ...«, sagte der Blinde, als er mit mir in den Krankensaal zurückging. »Buana, wir müssen im Leben viele Schmerzen ertragen, aber aus diesen Schmerzen kommen Freuden hervor, die das Leid aufwiegen.«

»Das ist so, mein Freund«, bestätigte ich. »Jesus selber hat gesagt: ›Wenn nicht das Weizenkorn in die Erde fällt und stirbt, so bleibt es allein, wo es aber stirbt, da bringt es viel Frucht‹, und weiter: ›Wer sein Leben lieb hat, der wird es verlieren, wer es aber verliert um meinetwillen, der wird es gewinnen.‹«

»Joh«, sagte Mubofu, »das verstehe ich, Buana. Ja, jetzt verstehe ich, warum es so ist.«

Ein Zwischenspiel mit Schlangen

Die Versetzung aus dem Krankenhaus mit all seiner Betriebsamkeit schien eine gute Wirkung auf den Blinden zu haben, obwohl er immer noch über schwere Kopfschmerzen klagte. Eines Abends nahm ich ihn mit in den Neubau, der inzwischen fertig geworden war. Die afrikanischen Krankenschwestern richteten gerade die Betten her.

»Joh«, fragte Mubofu, »liegt schon jemand in diesem neuen Krankensaal?«

»Noch nicht«, sagte ich, »aber es ist wohl mit weiteren Masernfällen zu rechnen, wenn jetzt die Schule wieder beginnt. Manche Schülerinnen kommen vielleicht schon angesteckt aus den Ferien zurück und dann wird die Krankheit schnell um sich greifen.«

»Koh, Buana, diese Masern sind eine böse Sache.« Mubofu tastete im Zimmer umher; er berührte die Wände und den frischen Zementboden.

»Koh, Buana, wie fein das riecht.«

»Dass dieser neue Saal gebaut wurde, verdanken wir eigentlich dir. Tschikoti wäre sonst nie darauf gekommen, seinen Zauberspruch über das Krankenhaus auszurufen, und wir hätten uns nicht gegen unsere Feinde wehren müssen. Wenn du nicht gewesen wärst, hätten wir diesen Krankensaal nicht, die Steine würden noch immer draußen herumliegen, das Gras stünde noch im Sumpf und das Holz im Wald.«

Jeden Morgen, wenn die Patienten erwachten, schlang Mubofu sein Tuch um sich und begab sich zu der kleinen Hütte außerhalb des Krankenhausgeländes, wo er sich hinsetzte und die Ruhe genoss, die ihm sichtlich wohltat. Immer noch war er sehr empfindlich gegen Lärm und litt viel an Kopfschmerzen; doch hatte er in letzter Zeit einen erfreulich guten Appetit entwickelt.

Wie befürchtet, waren inzwischen unter den Schulmädchen die Masern ausgebrochen, und im Krankenhaus gab es wieder alle Hände voll zu tun. Unser neuer Saal füllte sich, und zum Teil waren es schlimme Fälle. Täglich versuchte ich, Mubofu einen kurzen, zehnminütigen Besuch abzustatten, um mit ihm zu plaudern und ihm die Tagesereignisse zu berichten. Eines Tages nahm ich der Krankenschwester zwei Emaille-Teller ab, die sie gerade Mubofu bringen wollte. In dem einen war etwas Porridge, nach afrikanischer Art zubereitet, in dem anderen gekochte Bohnen, sein Lieblingsgericht. Nachdem ich es ihm gebracht hatte, beugte er sich über das Essen, dankte Gott dafür und dann unterhielten wir uns.

Ich sagte: »Mubofu, es geht den Kranken im Neubau – in deinem Saal – sehr gut.«

Er lächelte.

»Ich glaube zwar nicht, dass du gern unter ihnen wärst, denn huh, was für ein Geschnatter! Im Augenblick ist niemand dort ernsthaft krank. Vielen haben wir wieder helfen können, ihre Schmerzen zu lindern, und manche wurden vor dem Erblinden bewahrt. Kumbe, schau, unser Dienst bringt wirkliche Befriedigung und tiefe Freude ins Herz!«

Mubofu nickte.

»Ja, Buana, wenn ich wieder gesund bin, kannst du vielleicht eine passende Arbeit für mich im Krankenhaus finden. Vielleicht könnte ich fegen oder putzen.«

»Davon reden wir dann, wenn es mit deinen Kopfschmerzen wieder besser wird.«

»Oh, Buana«, rief der blinde Junge. »Seit einigen Tagen fühle ich mich viel besser. Kah, wie freue ich mich! Mein Herz jubelt. Für Gott arbeiten zu dürfen, ist eine große Freude.«

Auf dem Rückweg zum Krankenhaus begegnete ich Mhuhila, dem Gärtner und Wasserträger, der mir eine Menge Schlangeneier anbot, die er ausgegraben hatte.

Ich nahm eins davon in die linke Hand, und mit der rechten führte ich Mubofu zum neuen Saal hinüber, wo die Schulmädchen untergebracht waren, die sich bereits auf dem Weg der Besserung befanden.

»Soll ich dir die Geschichte dieses Saales erzählen, Mubofu?«

»Heh ... Buana«, entgegnete er, »wie gern! Erzähl mir alle Einzelheiten darüber!«

So erzählte ich ihm von dem Bau; wie die Schüler die Steine herangeschleppt hatten und wie Sand und

Zement vorbereitet worden waren. Dann erzählte ich von dem guten Fundament, das wir gelegt hatten. Inzwischen waren wir zum Saal gekommen, und ich fragte die Mädchen: »Erinnert ihr euch noch an die Bauarbeiten und an den Tag, als wir das Fundament gelegt haben?«

»H-m-m-m … Buana«, antworteten sie, »das wissen wir noch ganz genau!«

»Nun, dann sagt mir, wofür ist eigentlich das Fundament gut?«

Eine vielfache Antwort kam: »Wenn ein Haus kein gutes Fundament hat, stürzt es ein.«

»Wieso denn?«

Wieder erklang die Antwort im Durcheinander der vielen Stimmen: »Weil der Regen die Erde wegspült und der Wind die Erde fortbläst; und dann stürzen die Mauern ein und das Dach fällt herunter.«

Es folgte eine Minute absoluter Stille, und die kleine Schar schien über diese Worte nachzudenken.

Nach einer Weile nahm ich das Gespräch wieder auf:

»Sagt mal, sind Schlangen giftig?«

»Ja, Buana«, riefen sie, »sogar sehr giftig!«

»Sind kleine Schlangen ebenso giftig wie große?«, fragte ich weiter.

»Hongo, Buana«, antwortete Mubofu, »liegt es nicht in der Natur der Schlangen, dass sie giftig sind?!«

»Hört zu, ich will euch etwas erzählen. Die Sünde ist wie das Gift. Sie vergiftet eure Seelen. Und kleine

Sünden sind ebenso schlimm wie große. Das will ich euch heute zeigen, sodass ihr es nie mehr vergessen werdet.« – Die Augen schienen den kleinen Patienten fast aus dem Kopf zu fallen, als ich das Schlangenei hervornahm und mitten im Saal auf einen großen Stein legte.

»Wisst ihr, was das ist?«, fragte ich.

»Heh … Buana, ein Schlangenei.«

»Nun … kann ein Schlangenei euch auch beißen?«

»Nein«, schrien sie. »Die Schlange darin ist noch zu klein, sie ist ja noch im Ei.«

»Aber, Buana, wenn sie herauskommt«, sagte Mubofu, »dann könnte sie dich beißen!«

»Ganz richtig, was soll ich also mit dem Ei tun?«

»Nun, Buana, zerbrich das Ei, dann kann die Schlange nicht mehr weiterwachsen und niemand wird getötet!«

»Ganz richtig«, sagte ich und schlug mit einem Holzscheit kräftig auf das Ei, dass sein Inhalt nach allen Seiten spritzte. Die Köpfe verschwanden im Nu unter den Decken.

Die Krankenschwester aber war sehr aufgebracht und sagte:

»Joh, Buana, was hast du da für eine Schweinerei gemacht!«

»Das mag sein, aber glaubst du, dass eines der Kinder diese Lektion jemals wieder vergessen wird?«

»Koh«, rief sie lachend, »das werden sie sicher nie vergessen. Du hast aber auch zugeschlagen, als wenn du alle Schlangen auf einmal töten wolltest!«

»Das ist das Gleichnis: Die Sünde ist wie Schlangengift, und ich hasse sie, weil sie die Seele zerstört. Darum wollen wir die Sünde bekämpfen, solange sie noch klein ist, sonst wird sie sich bald breitmachen.«

»Buana«, sagte Mubofu, »wir können die Sünde nicht bekämpfen – Jesus allein kann es!«

»Das stimmt«, sagte ich, und mich wieder zu den Kindern wendend, fuhr ich fort: »Wenn Jesus mit euren Sünden abgerechnet hat, dann könnt ihr zuversichtlich auf diesem sicheren Fundament weiterbauen.«

Mubofu kehrte glücklich in seine »Hütte der Einsamkeit«, wie er sie nannte, zurück, und ich begab mich in den Operationssaal.

Zwei Stunden später sah ich Daudi aus dem Medikamentenraum kommen.

»Hol mal Mubofu ab. Es fängt schon an, dunkel zu werden.«

»Normalerweise kommt er doch selbst, wenn es noch hell ist, Buana!«

Eine Viertelstunde später erschien Daudi atemlos an meiner Tür:

»Buana, Buana, ich finde keine Spur von Mubofu! Er war nicht in der Hütte, und auch im ganzen Krankenhaus, wo ich gesucht habe, war keine Spur von ihm zu finden. Schließlich entdeckte ich im Sand tiefe Fußspuren, die von einem Mann herrühren müssen, der eine schwere Last trug. Buana, das war Tschikotis Werk!«

So sehr wir auch suchten: Von Mubofu war weit und breit nichts zu sehen, er schien von der Erdoberfläche verschwunden zu sein. Wieder tauchte in meiner Erinnerung das Bild jenes Häufleins Elend auf, jene kleine, zerschundene Jammergestalt, die im ausgetrockneten Flussbett den Hyänen, Schakalen und Aasgeiern ausgesetzt war. Während der ganzen Nacht durchstreiften unsere Suchkolonnen die Umgebung. Missionslehrer fragten in allen Dörfern nach Mubofu. Auch Ndogowe, der Eseltreiber aus Tschikotis Dorf, wusste nichts. Das Ganze war uns ein Rätsel.

Alle Leute, die aus entlegenen Gebieten ins Krankenhaus kamen, fragten wir aus, ob sie nichts von einem kleinen, blinden Jungen namens Mubofu gehört hätten.

Die Antwort war immer die gleiche: »Tahikali.« (»Nein, noch nicht.«)

Der Kampf auf seinem Höhepunkt

Eines Morgens war die Veranda unserer Klinik wieder überfüllt von Leuten, die alle zur Behandlung gekommen waren oder um Medizin zu holen. Ich horchte mit meinem Stethoskop gerade die Brust eines kleinen Mädchens ab. Draußen staute sich die Menge. Sie wollten Hustenmedizin, Chinin, Augentropfen, Ohrentropfen, Nasentropfen – das alles schien von ihren Lippen zu kommen. Nicht, dass sie sehr laut gewesen wären, denn sie alle kannten das erste Gebot des Krankenhauses recht gut, nämlich dass sie still zu sein hatten, wenn sie draußen auf Medizin warteten. Aber man konnte doch das allgemeine Flüstern vernehmen. Da plötzlich schrie eine laute Stimme durch das Fenster herein:

»Buana, Buana –!«

Es war ein langer junger Mann, aufgeputzt nach der Art seines Stammes. Sein Kopf war mit roter Erde beschmiert, und seine Ohrläppchen hatten so große Löcher, dass man bequem einen Tennisball hätte hineinstecken können.

»Buana, komm«, rief er dringend, »es handelt sich um einen Beinbruch!«

»Warte einen Augenblick«, rief ich.

Ich schrieb auf einer Karte schnell die weitere Behandlung des kleinen Mädchens auf, sah noch, wie es sein Gesicht verzog, als es die angebotene Medizin schluckte.

»Ruf Daudi«, befahl ich.

Daudi war gerade dabei, Blutuntersuchungen auf Malaria, die am weitesten verbreitete Krankheit in Tanganjika, zu machen, und kam vom Laboratorium herüber.

»Daudi, hier ist ein Mann, der sagt, in seinem Dorf habe jemand ein Bein gebrochen. Wir können natürlich nicht gut verlangen, dass er herkommt. Ich will die Patienten hier schnell durchgehen und sehen, ob ein besonders schwieriger Fall dabei ist. Im Übrigen kannst du dich dann um das Weitere kümmern und auch die Medizin ausgeben.«

Daudi zog seine Schürze an und bereitete sich auf seine Arbeit vor.

Unter den etwa 60 Leuten fanden sich drei oder vier akute Malariafälle vor. Ich ordnete die nötige Behandlung an. Dann war da ein kleiner Junge mit einer riesigen Eiterbeule. Ich sagte Daudi genau, was er zu tun habe. Zu guter Letzt war noch ein Mann da, der operiert werden musste. Ich befahl seine Aufnahme ins Krankenhaus.

Unterdessen hatte einer meiner Mitarbeiter in eine Handtasche alles hineingepackt, was ich für die Behandlung des gebrochenen Beins brauchte. Ich warf noch einen Blick in die Tasche, ob auch nichts fehlte, nahm dann meinen Tropenhelm und wandte mich an den Mann, der ungeduldig neben mir gewartet hatte.

»Wo ist der Bruch?«, fragte ich und deutete auf meinen Oberschenkel.

»N'go, Buana«, sagte er, »n'go, nicht dort, hier …« Er wies dabei auf eine Stelle zwischen Knie und Fußknöchel.

»Aha, und ist der Knochen durch die Haut herausgekommen?«

»Hongo«, lächelte Daudi, »du willst erfahren, ob es ein einfacher oder ein komplizierter Bruch ist.«

»Ja«, antwortete ich, »eben das möchte ich wissen.«

»Kumbe«, sagte der junge Mann, »die Haut ist ganz.«

»Gut, das wird schon in Ordnung kommen«, sagte ich und bat Daudi, mir noch ein Stück Gummiband zu geben. Das konnte ich unter den Gipsverband legen, damit nachher beim Abnehmen keine Verletzung entstehen konnte.

Ehe ich ging, nahm mich Daudi beiseite und flüsterte mir zu: »Buana, irgendetwas stimmt bei dieser Sache nicht, ich fürchte, es wird ein Unglück geben.«

»Kah«, sagte ich, »es wird schon alles in Ordnung gehen. Leider gibt es hier zu viel Arbeit, als dass du mitkommen könntest. Ich werde also allein gehen.«

Damit machte ich mich auf den Weg. Es ging zwölf oder dreizehn Kilometer über Berg und Tal, und man war schneller zu Fuß als mit irgendeinem Fahrzeug. Mein Anführer schlug ein solches Tempo an, dass ich ihm kaum folgen konnte. Unterwegs hatten wir mehrere Flussbetten zu überqueren, die voll feuchten Sandes und mit Wasserpfützen übersät waren, an denen Kinder spielten, für die das köstliche Nass ein seltener Genuss war.

Mein Begleiter war nicht gerade sehr redselig. Eigenartig, er sagte kaum ein Wort. Das verstärkte meinen Verdacht, dass bei dieser ganzen Angelegenheit etwas nicht stimmte. Links vom Weg zeigten sich einige Berge mit ganz eigenartig geformten Granitfelsen. Wir waren wiederholt gebeten worden, am Fuß dieser Berge eine Zweigniederlassung einzurichten, aber aus verschiedenen Gründen hatten wir es immer wieder abgelehnt.

Endlich erreichten wir das Dorf, das aus wenigen armseligen Lehmhütten bestand.

Durch eine niedrige Tür führte man mich in eine düstere Hütte, in der über einem offenen Feuer gerade das Mittagessen – der Porridge nach afrikanischer Art – kochte.

Und siehe da, auf einer Kuhhaut entdeckte ich meinen Patienten. Nun habe ich gewiss schon verschiedene Überraschungen erlebt, sowohl für die Augen als auch für die Nase, aber ich muss gestehen, dieser Fall übertraf alles Bisherige: Allerdings handelte es sich um ein gebrochenes Bein, aber nicht, wie ich gedacht hatte, um das Bein eines Kindes, sondern um das Bein eines Kalbs!

Ich drehte mich zu meinem Anführer um und sagte zu ihm: »Was, du lässt mich bei dieser Hitze einen zwölf Kilometer langen Weg machen, holst mich vom Krankenhaus weg, wo Dutzende von Patienten meine Hilfe brauchen, und das alles, um das gebrochene Bein eines Kalbs zu heilen?«

»Heh«, antwortete er, »wenn ich dir nicht gesagt hätte, es handle sich um einen Beinbruch, so wärst du nicht mitgekommen; und wenn ich gesagt hätte, es sei ein Kalb, so wärst du auch nicht mitgekommen.«

»Allerdings«, sagte ich, »da hast du recht, denn ich bin ja schließlich kein Tierarzt.«

»Aber, Buana, es ist das Junge einer sehr wertvollen Kuh.«

»Hah«, antwortete ich, »und wie steht es um all die Leute im Krankenhaus?« Darauf zuckte er bloß die Achseln.

Kühe sind der kostbarste Besitz des Afrikaners. Ich entschloss mich also zu helfen, in der stillen Hoffnung, es werde mir vielleicht gelingen, etwas über meinen verschollenen Freund zu erfahren. Ich nahm darum den Eigentümer des Kalbs beiseite:

»Nun gut, ich will dir helfen, aber nur wenn du mir Nachricht geben kannst über den blinden Jungen, der aus unserem Krankenhaus verschwunden ist. Bekomme ich keine Auskunft von dir, so gibt es auch keine Medizin für das Junge deiner Kuh.«

Da streifte mich ein ängstlicher Blick, während ich gleichzeitig einen Alten aus einer anderen Hütte mit einem eigenartigen Schmuck in einem Ohr hervortreten sah. Aha, ich wusste, wo ich dem Mann schon einmal begegnet war, der zu diesem kostbaren Ornament gehörte. Es war beim Krankenhaus gewesen in der Nacht, als das Feuer gelegt wurde. Ich musste lächeln, als ich ihn davonhumpeln sah. Ich fragte mich, was ihn wohl am meisten mitgenommen hatte, das Fahrrad, die Wäscheleine oder die Salbe.

Der Eigentümer des Kalbs schaute mich verstohlen an und flüsterte: »Hinter jenen Bergen liegt ein Dorf, abseits vom Weg, dort ist viel Krankheit, wie ich höre. Vielleicht ist der Junge dort.«

»Willst du mich hinführen, wenn ich hier fertig bin?«

Der Afrikaner nickte.

Ich machte mich an die Operation, während die ganze Familie mir assistierte, indem sich alle auf das unglückliche Kalb setzten, dessen drei gesunde Beine noch viel Kraft zu haben schienen. Nach einer Weile gelang es mir, kunstgerecht einen Gipsverband anzulegen – zur großen Verwunderung aller Zuschauer, die sich inzwischen eingefunden hatten, um mein Tun zu beobachten.

Nun wurde ich eingeladen, mit ihnen ihre Ugali einzunehmen, und ich beschloss, der Einladung zu folgen. In umständlicher, zeremonieller Weise wusch mir mein Gastgeber gerade die Hände, indem er Wasser darüber goss, als Daudi ganz außer Atem angelaufen kam. Nachdem er die Leute in ihrer Sprache begrüßt hatte, sagte er auf Englisch zu mir:

»Buana, ich bin mit der Arbeit im Krankenhaus fertig und komme, um dir zu helfen, denn ich habe das Gefühl, als drohe uns heute noch Gefahr.«

»Ja«, sagte ich, »ich danke dir, mein Freund. Es ist etwas im Anzug, und sicher nichts Gutes, aber wir wollen zuerst essen.«

Mit Bewunderung beobachteten die Leute, wie ich auf afrikanische Art mit ihnen aß, indem ich mit der Hand etwas von dem trockenen Porridge ergriff, es in eine Schüssel mit gekochten Bohnen eintauchte und mit viel Geräusch zum Mund führte.

»Joh«, rief mein Gastgeber, »schau, er ist einer von uns, er macht es uns gleich!«

Nachdem das Essen beendet war und ich es schwer in meinem Magen fühlte, nahm ich den Mann beiseite.

»Nun«, fragte ich, »was hast du mir zu sagen?«

Er schaute erst ängstlich nach dieser und dann nach jener Seite, dann sagte er: »Buana, im Sumpf, mitten im See, stehen drei alte Hütten. Man muss durch den Sumpf waten, um zu der Insel zu gelangen, auf der die Hütten verborgen sind. Aber, Buana, das ist ein Ort, wo du nicht hingehen solltest, denn auf der Insel herrscht der Tod. Niemand von meinen Leuten traut sich hinzugehen.«

»Sag mir«, fragte ich weiter, »in welcher Richtung liegt der Sumpf?«

Wieder schaute sich der Mann ängstlich nach allen Seiten um. Dann hob er sein Kinn gegen Süden. In dem Augenblick sah ich den Mann mit dem Ohrgehänge hinter einem Dornbusch hervortreten, an uns vorbeihumpeln und in einer Hütte verschwinden. Dabei hatte ich bemerkt, dass seine Beine bis zu den Knien ganz mit dickem schwarzem Schlamm überkrustet waren. Ich schaute noch einmal nach dem Kalb. Der Gipsverband saß ausgezeichnet. Zum Abschied schenkte mir der Gastgeber einen Korb voll Eier, aber als Daudi sie später ins Wasser legte, um sie zu prüfen, stellte sich heraus, dass von zwei bis drei Dutzend nur noch drei frisch waren, die anderen waren alle faul.

Nachdem wir uns verabschiedet hatten, schlugen wir einen Weg ein, der in eine ganz andere Richtung als zum Sumpf führte. Ich erzählte Daudi alles, was ich erfahren hatte, und sobald wir außer Sichtweite waren, schlugen wir einen Seitenpfad zum Sumpf ein.

»Kah, Buana«, sagte Daudi, »das ist allerdings ein Ort, wo man Mubofu verstecken kann und wo ihn so leicht niemand findet.«

»Ich glaube, der Mann mit dem Ohrring ist derselbe, der das Gras im Krankenhaus angezündet hat. Könnte es nicht sein, dass sie Mubofu hier gefangen halten? Hast du nicht gesehen, was für schmutzige Beine der Kerl hatte?«

Kopfschüttelnd meinte Daudi: »Ich fürchte, Mubofu ist nicht nur ein Gefangener, vielleicht ist er sogar …«

Wir setzten unseren Weg schweigend fort, bis wir plötzlich bei dem Sumpf ankamen. Er lag ganz im hohen Gras versteckt, und es war unmöglich, ihn zu finden – es sei denn, man geriet zufällig auf den Weg, der durch das dichte Dorngestrüpp führte. Bald waren wir ganz nahe am Rand des Morasts angekommen.

Daudi tastete sich mit seinem Stock vorsichtig Schritt für Schritt vorwärts. Ich hatte Schuhe und Socken ausgezogen und folgte ihm. Nachdem wir etwa hundert Meter weit gegangen waren, verlor Daudis Stock plötzlich den Grund. Sorgfältig wateten wir im Sumpf vorwärts, ängstlich die tiefen Stellen vermeidend, bis wir endlich wieder festen Boden unter den Füßen hatten. Wie wir uns so durch das hohe Schilfgras hindurcharbeiteten und langsam das Ufer gewannen, taumelte Daudi plötzlich zurück. Vor uns lag das Skelett eines Mannes, und daneben zeichneten sich unzählige Fußspuren von Hyänen im ausgetrockneten Schlamm ab. In einiger Entfernung hockten ein paar übel riechende Aasgeier. Andere Aasvögel kreisten über unseren Köpfen.

»Kah«, sagte Daudi, »Buana, das ist ein böser Ort! Schau, jene Vögel, sie warten auf weiteren Tod!«

In diesem Augenblick bemerkte ich die Hütte. Es war eine gewöhnliche afrikanische Hütte, halb zerfallen, mit tiefen Rissen in den Lehmmauern. Auf der einen Seite hing das Dach bis zum Boden herunter. Durch den Eingang sah ich eine menschliche Gestalt auf einer Kuhhaut liegen.

»Hodi«, rief ich, »darf ich eintreten?«

Aus der Ecke kam eine schwache, zittrige Stimme: »Buana!«

»Bist du es, Mubofu?«, rief ich und stürzte auf ihn zu. Mühsam versuchte sich der Junge aufzurichten.

Mit rauer Stimme sagte er: »Komm nicht in meine Nähe, Buana, ich bin sehr krank. Komm nicht näher!«

Währenddessen hatten sich meine Augen an die Dunkelheit gewöhnt, und ich sah Mubofu auf dem Boden liegen, abgezehrt und mit einem Blick in seinem Gesicht, der die ganze Tragödie ahnen ließ. Plötzlich stieß Daudi, der sich über ihn gebeugt hatte, einen Schrei des Entsetzens aus. Als ich ein Streichholz anzündete, sah ich, dass sein ganzer Körper mit Blattern bedeckt war. Es bestand kein Zweifel: Mubofu hatte die Pocken.

Schnell beugte ich mich zu ihm nieder und fühlte seinen Puls. Da wehrte er sich und sagte: »Rühr mich nicht an, Buana, ich habe eine Krankheit, die wie Feuer um sich frisst!«

Ich beruhigte ihn und sagte: »Ich brauche keine Angst zu haben, Mubofu. Erinnerst du dich nicht, wie du an meinem Arm die Narben gefühlt hast und wie ich dir die Krankheit erklärt habe?«

Er nickte schwach mit dem Kopf.

»Ist es das, Buana, ist es dieselbe Krankheit? Buana, es war noch ein Mann in dieser Hütte, der hatte diese Krankheit. Und als sie sich daran erinnerten, dass er hier war, da brachten sie auch mich her. Schau, der andere ging vor zwei Tagen fort und murmelte dabei Worte vor sich hin, die ich nicht verstanden habe. Seitdem habe ich nichts mehr von ihm gehört.«

Mit Grauen erinnerte ich mich an das menschliche Skelett, das wir am Ufer gesehen hatten.

Mubofu lag auf meinen Arm gestützt. Seine schwache Stimme brachte nur noch ein Flüstern hervor:

»Buana, du hast mir erzählt, dass ich im Himmel Jesus sehen werde.«

»Ja, Mubofu, in Gottes Wort steht: ›Sie werden sein Angesicht schauen, und sein Name wird auf ihrer Stirn geschrieben sein!‹«

»Buana, wird er auch mich anschauen, trotz dieser Pocken?«

»Mein Freund«, sagte ich, »das wird alles anders werden, wenn du durch die Pforte hineingegangen bist. Im Himmel gibt es keine Krankheit mehr. Die einzigen Wunden dort sind die Wunden in Jesu Händen und Füßen und in seiner Seite.«

»Kah, Buana«, seufzte der Kleine, »wenn ich auch Narben an meinem Arm gehabt hätte wie du, dann hätte ich diese Krankheit nicht bekommen. Aber ich weiß, Buana: Die Narben, auf die es ankommt, sind Jesu Narben.«

»Das ist wahr, Mubofu«, fügte ich hinzu. »›Die Strafe für unsere Sünden liegt auf ihm, und durch seine Wunden sind wir geheilt.‹«

»Heh …«, hauchte Mubofu, indem er versuchte, sich auf einem Ellbogen aufzurichten. »Buana, oh, Buana.«

Er ergriff meine Hand und sank dann erschöpft zurück.

Durch einen Spalt in der Wand drang ein Sonnenstrahl und glitt über das Gesicht meines blinden

Freundes. Das grausame Werk der Krankheit und der Zauberpriester war vergessen. Große Ruhe und innerer Friede leuchteten aus dem schmalen Gesicht, das seine eigene Geschichte erzählte. Leise stand ich auf. Da kam Daudi, legte seine Hand auf meinen Arm und sagte mit halb erstickter Stimme: »Buana, nun kann er sehen.«

Paul White

Dschungeldoktor auf Löwenfährte

160 Seiten, Taschenbuch

ISBN 978-3-86699-112-5

Fast hätte es ihn das Leben gekostet! Denn Simba – der afrikanische Löwenjäger – war schon ein Todgeweihter, als er bei einem Kampf mit dem »König der Tiere« schwer verwundet wurde. Doch glücklicherweise kam gerade da Paul White, der Dschungeldoktor, ins Dorf. Durch seine Bemühungen wird Simba gesund und zu einem zuverlässigen Helfer des Dschungeldoktors.

Paul White

Nilpferd-Geschichten

96 Seiten, Taschenbuch
ISBN 978-3-86699-113-2

Boohoo, das Nilpferd, ist sehr unglücklich und gerät ständig in Schwierigkeiten. Sein Gesicht ist so furchterregend, dass er selber Angst bekommt, als er einmal sein Spiegelbild erblickt. Doch leider ist auch der Rest von ihm nicht viel schöner. Dabei ist er eigentlich ein gutmütiger, hilfsbereiter Kerl und allen gegenüber wohlwollend. Wie Boohoo seine Probleme schließlich doch noch lösen kann, hat der Dschungeldoktor Paul White in diesem Buch aufgeschrieben …